중고등학생을 위한 이야기 고려사

고려사람들은
어떻게 싸웠을까?

중고등학생을 위한 이야기 고려사

고려사람들은
어떻게 싸웠을까?

강건우 · **창우** 엮고 씀

박채환 그림

고려 시대에 대한 푸대접이라는 생각…

안녕하세요? 이번에 처음 글을 쓰게된 강건우라고 합니다.

먼저 이글을 쓰는데 도움을 주신 박기현 선생님에게 감사의 인사를 드립니다. 이 글을 쓰게 되면서 처음으로 국회 도서관을 갔다 왔고 많은 곳을 다녔습니다. 국회도서관에서는 자료 찾는 법을 배우고 자료를 정리하는 법을 배웠어요. 도서관 안에도 기념관이 있어서 볼 것도 많았어요. 그다음 간 곳은 인천 시립 박물관인데 그 날 비가 와서 기분은 그다지 좋지 않았지만 박물관 안에서 강화도에 대한 설명을 자세히 들었습니다.

MBC 용인 드라미아는 고려의 건축물인지는 모르겠지만 어쨌든 옛날 건축물도 보고 드라마 무신에서 보던 격구장도 볼 수 있었습니다.

건수와 창수

그리고 드라마 '마의' 촬영도 볼 수 있어서 좋았어요. 근데 주인공은 없었고 보조 출연자들만 많았어요. 아 아쉽다!

국립 중앙 박물관과 전쟁 역사 박물관은 고려 부분만 보고 왔는데 국립 중앙 박물관에서는 볼게 많았는데 전쟁 기념관에서는 볼 것이 없었어요.

강화도에 가서는 성곽과 고종의 무덤 등을 보고 왔는데 몇몇 곳은 방치되어 있어서 기분이 좀 그랬어요. 고려 시대에 대한 푸대접이다 라는 생각이 들었거든요. 하지만 강화도 곳곳에 몽골과의 전쟁 흔적 이 남아 있고 유적지도 정말 많았어요. 다만 흔적도 없이 타 버리거나 사라져버렸고 유적지 땅만 남아 있는 경우가 많아서 좀 안타깝다고 해야 하나… 그런 마음이었어요.

마지막으로 가 본 처인성은 막상 가서 실망만 잔뜩하고 왔어요.

교통도 너무 안 좋은 데다가 바쁘신 선생님에게 부탁해 사진을 찾고 네비게이션을 찾으며 갔는데 어? 그냥 쪼그만 언덕뿐이었거든요. 사진은 웅장한데 가보니까 그냥 언덕이라니 그래서 한편으로는 실망했습니다. 그리고 여러 유적지를 다니면서 졸리고 힘들기도 했지만 재미있었고 공부에도 도움이 되었습니다.

처음에 글을 쓰면서 그냥 막막했는데 뭘 해야 될지도 모르겠고 어떻게 써야 되는지도 모르겠어서 맨날 글 안 쓴다고 야단만 맞았습니다. 아마 박기현 선생님이 안 도와주셨다면 글은 시작도 못했을 것입니다.

그리고 글을 쓰면서 고려 사람들의 전쟁에 대해서 많은 자료와 정보를 얻고 알게 된 것이 참 다행입니다.

건우와 채환

창우의 보탬말 :

"저는 형 따라 다니며 차에서 졸다가 깨면 유적지라서 올라가서 사진찍고 자료 찾아주고 그렇게 하다보니 어느 새 끝나 버렸다. 좀 더 열심히 하는 건데 아쉽다. 그래도 형과 선생님께 고맙습니다."

채환이의 보탬말 :

"좀 더 잘 그릴 수 있었는데 너무 자료가 없었다. 또 전문가들이 그리는 도구가 없고 스마트폰에 그림을 그리다보니 큰 그림은 그릴 수가 없었다. 또 몇 장을 종이에 직접 그려서 스캔을 받아 보았는데 그것도 마음에 들지는 않았지만 그냥 쓴다고 해서 줘 버렸다. 건우형에게 고마운 마음입니다."

　사람이 만나는 것은 인연이라더니 어쩌다가 만난 제자 가운데 하나가 이토록 별난 아이일 줄은 상상도 하지 못했다.

　먼저 독자 여러분에게 강건우라는 이 책의 저자 - 아직 저자 자격도 안 되지만 스스로 저자가 되고 싶어 안달복달하는 아이 - 를 소개하고 싶다.

　내가 만난 이 학생은 공부에는 아무런 관심도 없어서 늘 졸거나 게임만 붙잡고 있는 그저 평범하고 착한 10대였다. 그러던 아이가 이상하게 역사책만 붙잡으면 눈빛이 생생해지고 온갖 질문을 해 대며 한번 알고 싶은 것은 끝까지 쫓아다니며 묻곤 하는 별난 아이였다.

　사실 교회 학교 학생 가운데 그것도 일요일임에도 늦게까지 자느라 출석을 안 해 거의 얼굴을 보지 못하는 아이가 왜 그렇게 중세와 고대 역사에 관심이 많은가 싶어 좀 궁금하기도 했다.

요즘 애들답지 않게 착하고 담배도 안 피우고 부모님 말씀도 잘 들으며, 역사에 올인하는 이 아이가 자꾸 신경이 쓰였다. 그러다가 하필 TV에서 '무신'이라는 드라마를 하면서부터 이 아이는 아예 그 속에 푹 빠지게 되었고 드라마 주인공인 '김준'이라는 역사적 인물에 사로잡히는 모습을 보게 되었다.

　그래서 드라마는 드라마일 뿐이고 작가의 상상력이 들어간 것이 많으니 역사적 사실과 반드시 같지 않다고 가르쳐 주다 보니까 이 아이가 자꾸 이건 사실이냐 아니냐 뭐는 진짜고 뭐는 가짜냐, 왜 그런가 묻는 질문이 늘어났고 아예 노트에 적어 와서는 물어대기 시작했다.

　하는 수 없어서 내가 아는 역사적 지식, 역사를 이해하는 법을 가르쳐 주고 자료를 찾아보는 방법이나 역사책을 제대로 골라 읽는 방법을 가르쳐주게 되었다. 그게 화근이었다.

어느 날 자신도 책을 써보겠다고 글을 써 대더니 자꾸 와서 보여주고 고쳐 달래고… 끝없이 나를 귀찮게 하다 보니 어느 새 답사도 같이 가 보고 역사 해설가처럼 그 아이를 가르치게 되어.버린 것이다.

그 다음에는 건우 동생까지 여기에 달려들더니 형제가 다 뭔가를 해 보겠다고 답사를 따라다녔다. 결국 그래서 이 책이 나오게 되었다. 마침 아는 늘푸른소나무 출판사 김 사장이 최소 제작비 정도만 들이고 인세는 나중에 팔리면 주겠다고 선심을 써 주어서 결국 출판까지 이루어진 것이다. 솔직히 원고는 정말 개발새발이었다.

독자 앞에 내놓을 수 없는 한글도 안 되는 작문 실력이었는데 안 고칠 수도 없고 고치자니 어른이 쓴 책이 되어버리니 종잡을 수도 없는 고역이었다. 하지만 적어도 지난 8개월간, 멀리 보면 일년 이상을 주물럭거리다보니 아이가 역사를 보는 시각도 좀 늘게 되었고 문장력도 조금은 생긴 것 같다.

  이 글은 내가 윤문을 본 글이다. 글을 매끄럽게 손봤다는 뜻이다. 가급적 10대 필자의 생각을 손대지 않고 고쳐주려고 노력했는데 다 보고 나니 어른이 쓴 건지 아이가 쓴 건지 분간이 안 가는 것도 사실이다. 하지만 엄연히 이 책은 강건우의 작품이다. 특히 3부 답사 지역 소개는 손도 대지 않았다. 건우 창우 형제가 이 정보 저런 정보를 들고 와서 정리한 것이다. 삽화 그림은 성안고등학교 박채환이 그렸다. 어릴 적부터 이런 저런 그림 그리기를 좋아하던 아이라 사진과 함께 그림을 넣으면 좋을 것 같아 권했더니 즐겁게 참여했다.

  그래서 말도 안 되는 이 집필 작업에 고등학교 1,2, 3학년 세 명이 다 참여해서 즐거운 고생을 나누었고 그런대로 열심히 하는 모습을 보였다는 것을 말씀드리고 싶다.

그래서 고려사 중에서도 아주 작은, 전쟁사 부분을 이런 저런 시각으로 다루어 본 이 책을 부끄럽게도 권해드린다. 도움을 주신 강화군청 문화재팀 여러분께, 또 여러 곳의 박물관 안내 선생님들께도 감사의 인사를 드린다.

끝으로 세 학생이 힘을 모으는 모습을 보면서 이처럼 용기만 있으면 뭐든지 할 수 있다는 가르침을 학생들을 통해 도리어 배울 수 있음을 감사하게 되었다.

역사작가 박기현
올림

추신 : 십대가 쓴 글에 각주(모르는 단어에 설명을 붙인 글)가 많이 붙어 있음을 용서해 주시기 부탁드립니다. 특히 〈신편 강화사〉에서 많은 부분에 도움을 받았고 국회도서관 석박사 논문들에서도 도움을 받다보니 아이에게 필요한 부분을 읽혀주고 정리시키면서 자연스럽게 저작권 이야기를 강조하게 되었습니다. 자기 생각이 아니고 주워 듣던 읽었던 간에 남의 견해를 옮겨 쓸 때는 반드시 그 분이 언제 어디서 뭐라고 썼는지를 밝혀야 한다고 가르쳤습니다. 그래서 각주가 많고 좀 복잡해졌습니다. 너그럽게 이해해 주시기 부탁드립니다.

차례

건우의 머리말 · 4
    고려 시대에 대한 푸대접이라는 생각…

추천의 글 · 8

1부
거란 여진 몽골의
세계 최강군대와 맞붙다

거란과의 전쟁, 세치 혀끝으로 적을 물리치다 · 21
    거란의 1,2,3차 침입 · 22

금나라 여진과의 전쟁 · 26

몽골, 원나라와의 전쟁 · 28
    몽골에 대해 · 29
    칭기즈칸의 등장 · 32
    몽골과 고려의 첫 전쟁 배경 · 36

1차 침입 · 36

2차 침입 · 40

고려는 왜 강화도를 선택했을까? · 43

개경과 가까운 곳이라서 · 44

고종이 자란 곳이라서 · 45

강화도가 비교적 부자섬이라서 · 47

인천시립박물관에서 본 자료 · 48

조류와 절벽이 자연 요새를 만들었다 · 48

강화의 입지 조건과 고려 수군 · 51

강화도 사람들이 용감했다 · 52

강화에서 성을 쌓다 · 54

강화 외성 · 55

강화도의 궁궐은 어떤 규모였을까? · 59

고려궁지 · 62

팔만대장경은 어떤 책일까? · 65

몽골군은 정말 물에서 싸우지 못한 것일까? · 68

얼마나 오랫동안 싸웠나? · 69

3차 침입 · 70

4차 침입 · 72

5차 침입 · 72

6차 침입 · 73

전쟁을 직접 수행하고 고생한 이들 · 76

항몽전쟁중에도 범죄가 많았다 · 79

차례

2부
고려에 대한 X파일

고려에 대한 X파일 · 89

무신의 난이 일어난
진짜 이유는 무엇일까 · 90

왜 고려는 무신을 차별하는
정책을 가졌지? · 94

무신의 난은 문신들이 만들어
준 것이다? · 99

삼별초 이야기 – 진도 망명정부,
새로운 나라를 꿈꾸다 · 108

무신정권이 망한 이유 · 114

무신정권에 대한 자료들 · 117

고려가 약해진 이유 · 124

토지 제도의 문란 · 131

팔만대장경이 정말 적들을 물리칠
수 있다고 믿었을까? · 137

3부
몽골 항쟁의 현장을 찾아서

몽골 항쟁의 현장을 찾아서 · 145

기획의 시작 · 146

국회도서관에서 찾은 논문 · 148

몽골 항쟁의 현장을 찾아서 · 149

국회도서관 · 149

인천 시립 박물관 · 154

드라마 무신의 현장을 찾아서 · 157

전쟁기념관 · 158

국립 중앙 박물관 · 160

강화도를 다녀와서 · 164

고려 고종의 삶과 죽음 · 166

몽골 항쟁과 관련한 인물 조사 이야기 · 168

   최우/최항/김준/이제현/이규보/배중손/김방경/김통정

   /원종/충렬왕/정화궁주/최향/임연

항몽전쟁과 관련한 강화 역사의 또 다른 현장 · 175

   강화 선원사지/흥릉/강화 고려 궁지/석릉/가릉/곤릉

   /이규보의 묘/강화 외성/강화 향교/강화 능내리 석실분

강화 항쟁 연표 · 200

참고자료 몽골에 대한 모든 것 · 202

1부

거란 여진 몽골의
세계 최강군대와 맞붙다

거란과의 전쟁,
세치 혀 끝으로 적을 물리치다

거란이 고려를 세 차례 침입하여 벌어진 큰 전쟁이었다. 고려는 크게 두 번의 전쟁을 겪게 된다. 그 중의 하나는 거란이고 또 하나는 몽고였다. 거란과의 전쟁은 고려 초기에 일어났다.

고려 태조 왕건은 건국 당시부터 발해를 멸망시킨 거란을 미워했던 모양이다. 거란을 무지 싫어하여 거란이 친하게 지내보자고 보낸 낙타 50필도 만부교라는 다리 밑에서 굶겨 죽였고 사신은 귀양 보내버렸다고 한다.

거란은 고려가 송나라와 친하게 지내는 것이 못마땅했다. 그리고 북쪽땅을 회복하려고 북진 정책을 세우고 있는 것을 싫어했다. 서로 이해관계가 다르니 두 나라는 서로 부딪힐 수밖에 없었을 것이다.

거란의 1차 침입(993년) : 말로 이긴 전쟁

거란이 1차 침입을 벌이게 된 진짜 이유는 고려가 거란과 무역을 하지 않는 것에 불만을 가진 것도 있지만 사실은 송나라와의 세력 대결에서 고려를 잠잠하게 해 두어야 거란의 뒤가 안정될 것이라고 믿었기 때문인 것 같다.

거란은 993년 80만 대군을 이끌고 침략해 왔다. 거란의 장수 소손녕이 나서 고려를 공격하고 고구려의 옛 땅을 차지하고자 하였으나, 고려의 서희는 당당하게 소손녕을 찾아가서 고구려의 옛 땅은 우리 땅이니 돌아가라고 하였다. 서희는 거란과 교류를 해 주는 조건으로 고구려의 옛땅을 인정해 달라고 요구하여 소손녕은 청천강에서 압록강에 이르는 고려의 영토를 인정하고 물러갔다. 고려는 이 때 강동 6주를 확보하는 놀라운 승리를 거두었다.

건우의 짧은 생각

80만 대군이 내려왔다는데 아무런 소득도 없이 물러간 것은 이해할 수 없다고 생각한다. 왜 그랬을까? 선생님은 80만 대군이라고 해도 사실은 물자를 보급하는 군인들과 이런 저런 인원들을 빼면 절반도 안 되었을지도 모른다고 하셨다. 그래도 60만 군대를 가진 지금 우리나라를 생각해 보면 말도 안 되는 후퇴였을 것 같다. 아. 참 고려가 이겼으니까 뭐 별 문제 없는 일이긴 하다.

거란의 2차 침입(1010년)

고려가 거란과 친해지려고 노력하는지를 살피던 거란은 고려의 정책이 여전히 자신들을 적대시한다고 믿게 되자 다시 전쟁을 일으켰다. 1010년 11월 성종은 직접 40만 대군을 이끌고 고려를 침략해 왔다. 이 때 고려의 모습을 보니 고려 정치가 말이 아니었던 모양이다. 목종의 어머니 천추태후와 김치양이 불륜관계를 맺고 왕위를 빼앗으려한 사건이 알려진 것이다. 이 때 강조가 군사를 일으켜 김치양 일파를 쫓아내고 목종을 강제로 왕위에서 몰아냈다. 거란(요나라)은 강조의 죄를 묻는다는 핑계로 고려를 침략한 것이다. 사실 목적은 송나라와 친한 고려를 벌하여 교류를 완전히 차단하고 강동 6주를 되찾자는 생각이었던 것 같다.

요나라는 먼저 흥화진을 공격했는데 양규의 결사 항전으로 함락하지 못하고, 통주로 방향을 바꾸었고 주력부대를 지휘하던 강조를 사로잡아 죽였다. 개경까지 함락되는 이 전쟁에서 고려는 곽산 안주 등의 성을 빼앗기고 수도가 넘어가자 현종이 나주까지 피난가는 난리를 겪었다고 한다.

고려는 요나라 군이 개경을 함락시키면 전쟁에서 이길 줄 알고 너무 빨리 군대를 끌고 내려오는 모습을 보고 이를 기다렸다가 보급 통로를 차단해버렸다. 오도가도 못하게 된 요나라를 상대로 고려가 하공진을 보내 화친을 청했고 현종은 임금이 요나라에 들어와 조공을 한다는 조건으로 귀국했다. 이 때도 고려군은 요나라군을 기다리다가 기습하여 많은 피해를 주었다.

거란의 3차 침입

고려가 요나라의 요구를 거절하여 다시 전쟁이 일어났다. 임금이 들어와 인사하라는 요구를 거절한 탓이었다. 요나라는 1018년 12월에 장수 소배압을 앞장 세워 10만 대군으로 다시 고려를 침략했다. 3차 침입이었다.

고려는 이 때 유비무환, 미리 준비해 놓고 전쟁을 대비해 놓았다. 이미 20만 대군을 준비하고 전쟁 준비를 착실히 해 둔 것이다. 평장사 강감찬이 상원수로 강민첨이 부원수로 각각 임명받아 전쟁을 지휘했다.

강감찬은 전쟁이 일어나자 병력을 이끌고 홍화진으로 가서 홍화진 동쪽으로 흐르는 물길을 소가죽으로 막았다. 물이 줄어들고 하천이 얕아지자 적들이 물길을 건너가기 시작했다. 강감찬 장군은 요나라 군사들이 떼를 지어서 건너기를 기다렸다가 물길을 터뜨렸고 곳곳에 병력을 숨겨두었다가 적을 공격하게 해 7천 명 이상을 죽거나 다치게 했다.

그런데도 소배압은 개경을 향해 계속 진군하다가 부원수 강민첨의 기병대에게 격퇴당한다. 나머지 군대도 대동강에서 격퇴당했다. 포기하지 않고 소배압은 다음 해 1월에 자신의 부대를 데리고 내려와 개경 부근까지 진출했다.

고려는 이 때 방어에 앞서서 모든 농작물을 태우고 물자를 하나도 남겨두지 않고 성안으로 철수하게 했다. 소배압의 군대는 먹을 것이 없어 결국 후퇴하기 시작했다.

강감찬 장군은 이 때를 기다렸다. 귀주에서 다시 진을 치고 돌아가는 요나라 군을 가로막아 큰 싸움을 벌였다는데 처음에는 접전을 벌였지만 요나라 군이 불리해져서 큰 피해를 입고 달아났다. 이 전투에서 소배압의 요나라 군사는 10만 명 중에 겨우 3천 여명이었다고 하니 큰 승리를 거둔 것이다.

건우의 짧은 생각

거란이 침입해 올 것을 예상한 것이 나는 정말 잘한 일이라고 생각한다. 전쟁은 준비를 얼마나 하는가에 달려 있다고 생각하는데 요즘 남북한이 전쟁을 할지도 모른다고 해서 친구들이 걱정하는 것을 보았다. 우리 준비가 잘 되고 있으면 전쟁이 나도 이길 수 있지 않을까 싶다.

금나라, 여진과의 전쟁

　여진족은 한반도와 깊은 관계를 맺은 민족인 것같다. 어떤 자료를 보니까 한민족의 한 갈래라고 이야기하는 분도 있었는데 그건 좀 잘 모르겠다. 여진족은 발해가 망한 후 그곳에 살면서 우리나라 곁에 머물고 있었다. 그런데 숙종 때 만주 지방에서 일어난 완안부의 추장 영가(盈歌)가 여진족을 통합하고 나라를 키운 후에 조카 우야소가 고려를 넘보기 시작한 것이다.

　고려와 충돌한 여진은 두 번을 이기고 나서 윤관이 나와 화해를 맺고 돌아갔다. 윤관은 숙종에게 패전의 원인을 보고하면서 기병을 키우자고 했다. 보급도 늘려야 한다고 했다. 이로써 별무반이라는 특수부대가 만들어졌다고 한다.

　1107년 고려는 윤관이 앞장 서서 부원수 오연총과 군사 17만을 데리고 여진족을 토벌하고 북청까지 나가 동북방향에 9성(九城)을 쌓았다. 여기에 살 백성들도 이사시켰다. 그러나 9성의 방어가 어렵고 여진족이 계속 9성을 돌려달라고 애원해 1년 만에 그들에게 돌려주었다고 한다.

여진은 나중에 금나라를 세우고 중국을 통일한 다음 1117년에 고려에 형제관계를 요구했다. 거란과 북송은 이 때 멸망했다. 고려를 당시에 지휘하던 이자겸 등은 금나라와 타협하고 평화관계를 유지했는데 이 때문에 북방정책은 무너지고 말았다.

건우의 짧은 생각

왜 17만 군대를 끌고 나가 이긴 전쟁의 공로를 그냥 넘겨주었을까? 어이없는 실수 아닌가? 박 선생님은 과거의 역사를 지금 시점에서 판단하는 것은 문제가 있다고 하셨지만 아무리 생각해도 지켰어야 한다고 생각한다.

몽골, 원나라와의 전쟁

고려는 몽골과 가장 길게 오랫동안 전쟁했다. 지금은 남의 도움을 받는 나라가 됐지만 한때는 세계최강이었다고 한다. 얼마전 TV 다큐멘터리 '북방대기행 바람의 제국을 가다'라는 프로그램에서 몽골의 기원을 흉노족으로 해석하는 주장을 본 적이 있었다. 흉노 선비 훈족에 대한 재미있는 가설들을 살펴보는 동안 몽골족이 보통 민족이 아니라는 사실을 깨닫게 되었다.

우리가 사는 안산의 여러 공단에도 몽골인이 들어와서 일하는 사람들이 많아서 아직 몽골은 후진국이라고 생각하고 있었는데 이미 오래전에 세계를 지배하는 민족이었음을 알게 되었다. 그래서 몽골은 어떤 나라인지 궁금해져서 조사해 보게 되었다.

이 내용을 보면 한번쯤 꼭 가보고 싶은 나라에 몽골은 넣고 싶어질 것이다. 저를 가르쳐 준 선생님 한 분이 몽골에 다녀오셨는데 너무 좋은 이야기를 많이 해 주서서 나도 대학생이 되면 꼭 가보고 싶은 나라이다.

몽골에 대해

몽골의 정식 명칭은 몽골리아이고 나라 이름도 몽골(Mongol)이라고 부른단다. 몽골은 그냥 일반적으로 불리는 이름이었던 것이다. 몽골이란 용어는 원래 용감하다는 뜻을 지닌 부족명에서 나온 말이었다.

수도는 울란바토르로 124만 명 정도가 산다. 인구의 거의 절반이 수도 울란바토르에 사는 셈이다. 이것은 우리나라랑 비슷한 것 같다.

몽골의 주 산업은 이전에는 주로 염소, 양, 소, 말, 낙타 등을 키우며 사는 목축업이었다. 그래서 가축수가 총 3,300만 마리나 된다고

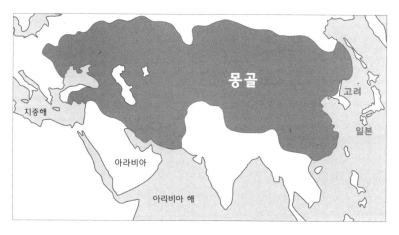

하니 한 사람당 열 마리는 키우는 셈인데 그만 하면 큰 부자라는 생각이 든다. 몽골의 지도는 그림과 같다.(몽골의 국가 상황은 몽골대사관이 제공하는 자료를 통해 엿볼 수 있다.)

"몽골의 인구는 2008년 통계로 약 260만 명이다. 인구의 70%가 35세 이하의 젊은 층으로 구성되어 있으며, 평균 수명은 66세이다. 인구 1만 명 중 470명은 대학생, 35명은 의사의 분포로 이는 세계 상위권에 속한다."

이것을 보면 인구수는 우리나라 인천광역시 수준인 것 같다. 인천광역시 인구가 2008년쯤 270만 명이 되니 인구 밀도만 놓고 보자면 너무나 부러운 나라라는 생각이 든다. 인구수가 얼마나 적은지 짐작할 수 있을 것 같다.

"노동인구의 25%는 농·목축업에 종사하고 있다. 전통적인 목축·유목 국가인 몽골은 20세기에 들어와 현대적으로 발전하고 있을 뿐만 아니라 공업화로 국내총생산 중 농축산업의 비중은 20%까지 줄어들었다. 하지만 가축의 수는 현재 4천만 마리로 증가하는 추세다.

광업분야는 최근 몇년간 활발하게 발전하고 있으며, 1인당 국민소득은 2천 달러에 이르고 있어, 향후 10년 안에 세계 평균 이상의 소득을 갖는 국가가 될 것이다. 최근 몇년간 국내총생산의 연간 증가율을 7~10%를 유지하고 있다.

몽골은 아시아 대륙에 위치하며 156만6천5백km²의 면적을 갖고 있다. 몽골 국토의 대부분은 해발고도 약 1,500미터의 고원지대로, 가장 높은 곳은 해발 4,374미터인 알타이 산맥 '타왕 벅드'산의 '후이'봉이며, 가장 낮은 곳은 몽골 동부 초원으로 해발 553미터이다.

몽골의 국토 면적은 우리나라의 7.4배나 된다고 한다. 남한 면적으로는 16배 정도에 이른다고 하니 정말 큰 나라인 줄 짐작하고도 남는다. 중국에도 가 보았는데 정말 큰 나라라고 생각했는데 인구 수에 비하면 몽골야말로 참 큰 나라라는 생각이 든다.

몽골에는 알타이, 항가이, 헨티, 흥안령 이라는 네 개의 큰 산맥들이 있다. 몽골의 고비지역은 사하라사막 다음으로 넓게 펼쳐진 사막성 지역이며, 33개의 작은 고비들로 이루어졌다.

몽골은 바다에서 매우 멀리 떨어져 있는 고원지대이기 때문에 기후의 변화가 심하고 건조한 지역이다. 영하 60도까지 기온이 떨어진 기록도 있으나, 여름철 더위는 때로 영상 45도까지 올라가기도 한다. 한해 평균 강수량은 250밀리미터로 상당히 건조한 지역에 속한다. 하지만 옵스, 헙스걸, 보이르, 하르오스, 하르, 햐르가스 등의 호수들뿐만 아니라 셀렝그, 어르헝, 어넌, 토올, 에그, 이데르, 헤를렝 등의 큰 강들이 많이 흐르고 있다. 몽골은 중앙아시아에서 주요 물길이 갈라지는 분수령 중의 한 곳이다. 하천들은 예니세이강과 바이칼호수를 통해 북극해로 흐르지만 헤를렝 강만이 태평양으로 빠져나간다.

몽골은 행정구역상 21개의 아이막과 수도로 나뉜다. 지구상에는 6백만 명 정도의 몽골인들이 있으며, 그 중에 260만 명 정도가 현재 '몽골국'에 살고 있다. 그 밖에 중국 내몽골-신장위구르자치구, 러시아 브리야트-토와-칼미키야공화국과 아프가니스탄에 살고 있다.

몽골 인구의 96%는 몽골족이며, 그 안에서 지역별로 사투리가 존재한다.

칭기즈칸의 등장, 강대한 몽골 제국

거친 고원의 벌판에서 살아온 몽골 민족은 나라를 이루지 못하고 서로 부족마다 흩어져 살고 있었다. 이들은 고원지대 벌판에서 말과 양 등을 키우면서 유목생활로 살아 왔다. 몽골은 12세기까지 중국의 만리장성 밖과 고비사막 북쪽에 이리저리 흩어져 살았다. 보름에서 한 달안에 새로운 풀밭을 따라 천막을 걷고 이동해 가야하는 유목인의 습성에 따라 넓은 지역에 흩어져 살 수밖에 없는 것이 몽골 민족이었다.

몽골 민족은 동쪽으로는 알타이산맥, 북쪽으로는 바이칼호와 예니

세이강 상류까지 퍼져 있었다. 이들은 워낙 넓게 퍼져 있어 북쪽에 사는 북방 몽골인들은 옛날부터 해 오던 습성대로 수렵에 의존해 살고 있었다. 이에 반해 남쪽에 사는 남방 몽골인들은 목축업으로 생계를 유지하고 있었다. 이때까지만 해도 몽골족은 뭉치지 못해 부족 사회의 성격을 유지하고 있었던 것 같다.

이들 가운데 일부는 금나라와 요나라에 속해 있었는데 차츰 민족 통일 기운이 일어나 쿠릴타이라는 통일체로 조직되기 시작했다. 고아였던 테무진(나중에 칭기즈칸이라는 이름으로 불림, 1162~1227)이라는 인물이 몽골의 리더가 되면서 다른 부족을 하나씩 통합하여 큰 세력을 이루었다. 테무진이란 이름은 몽골어로 '가장좋은 쇠로 만들어진 인간'이라는 뜻이었다니 이름부터가 보통 인물이 아니었던 것 같다. 그는 어릴 적부터 큰 뜻을 품어 북방 초원에서 뿔뿔이 흩어져 살던 몽골 민족을 하나로 통일시킨 영웅이 되었다.

1206년 그는 몽골 부족끼리 개최한 전체회의에서 부족의 대표족장인 칸(汗)으로 추대됐다. 그래서 이름이 칭기즈칸이라는 이름이 되었다. 칸이라는 이름은 몽골과 터키 타타르 위구르등에서 군주를 이르던 말이란다.

이들은 1204년에 나아만 부족을 멸망시키고 포로로 잡은 위구르족으로부터 위구르 문자 이야기를 듣고 몽골문자를 만들었는데 이 때 이미 군사적인 체제를 갖춰 따뜻한 남쪽을 찾아 중국으로 내려오기 시작했다. 칭기즈칸은 이 때 서쪽 이웃인 위구르를 복속시킴으로서 천산산맥으로부터 이리강 유역에 이르는 일대를 지배하게 되었다.

몽골이 서쪽으로 계속 전진해 세계에서 가장 큰 나라를 차지한 것은 일부러 쓰지 않아도 될 내용이라 여기서는 빼기로 한다. 칭기즈칸은 1211년 중국을 침략하면서 금나라와 싸워 전면전을 벌이면서 4년 간에 걸친 전쟁을 벌였는데 싸우면서 몽골군은 더욱 강해졌다. 드디어 1215년 금나라 수도인 연경이 함락되었고 황하강의 북쪽 모든 땅이 몽골에 흡수되었다. 결국 몽골군은 세계 최강의 군사력과 조직을 갖춘 것이었다.

서쪽으로 계속 정복 전쟁을 벌인 몽골은 흉노 돌궐 금나라 티무르와 무굴제국 고대 페르시아 그리스 로마에 기마민족의 피와 문화 풍습들을 전했다고 한다. 그 결과 게르만족과 노르만족 슬라브족 아랍족 등 많은 민족들이 영향을 받아 새로운 사회로 발전하는 계기가 되었다고 한다.

몽골은 1227년 칭기즈칸 사후 오고타이가 1229년 그를 계승하여 중앙아시아에 오고타이칸국을, 1243년 바투가 동유럽에 킵차크칸국을 세웠으며 서아시아에 일칸국까지 세워지고 중국에 1271년 쿠빌라이가 대원제국을 세움으로써 거의 전세계를 수중에 넣었다.

칭기즈칸의 손자인 쿠빌라이칸(세조, 世祖)은 1274년에서 1279년에 걸쳐 남송을 정복, 중국 전체를 차지해 원나라의 최고 전성기를 맞았다. 하지만 원나라는 내부에서 간신들이 설치고 외부 나라들의 공격이 계속되면서 점점 약해져 1368년 주원장에게 몽골의 원래 출신지역으로 쫓겨났고 1391년에 망하고 말았다.

몽골과 고려의 첫 전쟁 배경

1차 침입

고려와 몽골의 불편한 관계는 고려 고종 때 시작되었다고 한다. 1218년(고종 5년)에 몽골군이 거란과 전쟁을 벌이면서 그들의 남은 부족들을 추격하고 있었는데 거란족 일부가 고려로 들어오면서 몽골이 이들을 추격해 들어와 문제가 되었다. 낯선 나라에서 전쟁을 수행하느라 식량 부족과 추위에 떨던 몽골은 고려에 군량미와 원병을 요구했다.

따라서 고려와 몽골이 처음 접촉한 이 시점은 양국 관계가 그런 대로 괜찮았던 것같다. 고려로서는 어차피 강동성에 있는 거란족을 평정함에 있어서 몽골의 후원을 얻어야 했기 때문에 서로의 이익을 위해 공동작전을 취하게 되었던 것이다.

고려는 몽골의 이 제안을 받아들여 서북면원수 조충과 병마사 김취려(金就礪)가 군사를 이끌고 몽골군과 합세하여 강동성에 웅거한 거란족을 섬멸하고 승리를 거두었다.

이를 계기로 고려와 몽골 사이에 외교관계가 성립되었다

이후의 불화는 몽골이 지나친 요구를 고려에 해 오면서부터 시작되었다. 몽골은 강동성 전투의 승리가 몽골 덕분이라면서 고려에 대하여 과중한 조공을 요구하며 불편해지기 시작한 것이다. 당시 고종에 앞서 모든 실권을 쥐고 있던 최 씨 정권은 몽골의 요구가 지나치다고 생각했다. 그도 그럴 것이 몽골이 요구한 승리의 대가가 터무니없는 많은 양의 물질 보상이었기 때문이다. 자료를 보니 몽골은 고려에 수달가죽 1만장, 명주 3천필, 모시 2천필, 풀솜 1만근 등의 엄청 난 공물을 요구했다는 것이다. 고종에게 무례한 행동을 하며 고려 조정을 압박하고 괴롭히던 몽골 사신 저고여 일행은 귀국하면서 하필 압록강 국경지대에서 피살되어버렸다. 몽골로서는 고려가 복수한 것이라 여겼을 것이었다.

이 당시에 고려 옷을 입은 자객이나 저항군이 암살을 한 것일지도 모르겠다. 역사학자들이 말하는 것을 읽어보니 여진족이 몽골과 고려를 이간질하기 위해 한 짓이라고 한다.

몽골은 사신 저고여 살해 사건의 책임을 물어 1231년 8월에 살리타가 군대를 이끌고 고려를 침공했다.

몽골장수 살리타가 군사를 거느리고 의주을 거쳐 철주(철산) 귀주(귀산) 안북부(안주) 서경봉주(봉산) 평주(평산)를 차례로 공격했고, 연말에는 개경까지 포위하게 된 것이다.

이 때 귀주성 싸움이 대단한 장면이다. TV 드라마 '무신'에서도 나왔지만 김경손 장군이 몇 겹으로 둘러싼 몽골군을 공격하면서 기습전투를 계속하자 몽골군은 곤경에 빠진 상황이 되었다. 그러나 김경손 장군이 이끄는 12명의 결사대가 정예군 기병을 물리치고 고려 장수들은 목숨을 걸고 싸웠다. 1달 여 동안 치열하게 싸운 이 전투에서 몽골군은 결국 패하고 돌아갔다.

몽골 장수는 돌아가면서 귀주성 백성과 군사들을 보고 '천하의 모든 성을 공격하며 싸웠지만 이런 공격을 받고도 버티는 경우는 보지 못했다고 치를 떨며 돌아갔다고 한다.

귀주성 싸움은 고려군과 백성들의 용기를 세계에 알리는 큰 성과를 거둔 것이라고 생각된다. 그러자 살리타는 고려에 항복을 계속 요구하면서 다른 한편으로는 더 남쪽으로 내려가 지금 경기도 양주 광주와 충청도 충주 청주에까지 내려가면서 여러 성들을 공격했다. 이에 고려는 몽골군의 남하를 막아내지 못하고 수도 개경이 포위되자 항복하고 서로 화해하게 되었다.

그리고는 다시 말 2만 마리와 총각 처녀 수천 명과 자라(紫羅) 1만 마리, 수달가죽 1만장과 군사의 의복을 내 놓으라고 명령했다. 말도 안 되는 엄청난 양을 요구하자 고려로서는 몽골군에게 일종의 뇌물이자 사례비로 황금 70근, 백금 1,300 근이나 되는 보물과 옷 1,000 벌, 말 170필을 주겠다고 달랬다. 그리고 황금 19근, 백금 460근 등과 비단옷, 안장 및 말 150필, 명주옷 2천 벌, 수달피 75장을 살리타에게 주었다. 또 그 부하들에게는 황금 49근, 백금 1,420근 등과 모시 수달가죽 비단 말 등을 나누어 주었다. 이 뇌물작전을 통해 두 나라 사이의 전쟁은 일단 중단되었는데 살리타는 그냥 물러가지 않고 서경을 비롯한 서북면 지역의 40개 성에 다루가치를 남겨두고 요동으로 물러 갔다.

몽골의 제 2차 침입

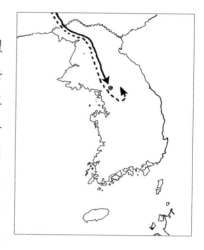

고려의 복수가 시작된 전쟁이었다고 볼 수 있을 것 같다. 고려는 힘에 밀려서 몽골과 화해를 하고 형제국가가 되었지만 원래 고려가 원하던 바는 아니었다. 말이 형제국가이지 원하는 조공 물품을 매일 해다 바치고 온 나라 살림을 빼앗아가는 것과 마찬가지라 일본이 식민지 시절에 우리나라를 괴롭히던 것이나 똑같았다.

또 몽골이 도단을 다루가치로 삼아 개경에 파견하여 고려 조정을 감시하고 원나라 말을 잘 듣는지 감시하고 있었는데, 그가 너무 오만하게 행동하면서 인심이 크게 나빠지고 있었다.

도단은 1232년 2월에 고려의 국사를 관리한다는 임무를 맡고 개경에 파견 나왔다. 그는 다루가치의 최고책임자로서 고려의 내정에 간섭하려는 임무를 띠고 있었는데 고려 백성들과 조정관리들의 원망을 사서 비난의 대상이 되었다고 한다. 게다가 몽골이 원하는 조공은 고려가 부담하기에는 너무 벅찬 것들이 많아 분노를 사게 되었다.

당시 고려 조정의 실질적인 정치지도자는 최우였다. 그는 몽골군이 물에서 싸우는 데 익숙하지 못하다고 판단하여 개경의 수도를 강화도로 옮기고, 각지의 주민들을 산성과 해도에 입보시키며 몽골에 대한 전쟁 태도를 확실하게 보여주었다.

항전 태도를 분명히 하였다. 또한 이를 전후하여 내시 윤복창이 서북면에서 서경에서 순무사 민희가 각각 다루가치를 습격하는 일이 발생하였다. 고려에서의 이러한 움직임에 자극받은 몽골은 회군한지 얼마 되지 않았는데도 다시 고려를 침략하였다. 2차 침입이었다.

1232년에 살리타가 이끄는 몽골군은 고려 정부에 대해 개경 환도를 요구하면서 경상도에까지 남하하여 약탈을 자행하였다. 그러나 고려는 몽골의 요구를 끝내 거부하면서 항전을 계속하였고, 이해 12월에는 수원의 속읍인 처인성의 처인부곡민이 몽골군을 맞아 싸운 전투는 (1232) 대몽항쟁에서 상당한 중요성을 갖는다. 성에서 십리쯤 떨어진 백현원에 있던 승려 김윤후가 백성들을 지휘하기 시작했다. 그는 평소 불경공부도 열심히 했지만 활쏘기 실력이 대단히 뛰어났다. 살리타는 고려군이 없는 처인성을 얕보고 공격했다가 김윤후의 지휘를 받고 결사적으로 싸우던 고려 승려군과 백성의용군에게 쫓겨나고 말았다. 화가 난 살리타는 직접 말위에 올라 성을 공격하며 선두에 섰으나 승려 김윤후가 쏜 화살에 이마를 맞고 쓰러져 즉사하고 만다. 장수를 잃은 몽골군은 서둘러 철수하였다. 김윤후가 적장 살리타를 사살함으로써, 지휘관을 잃은 몽골군은 부장 데구의 인솔 아래 서둘러 철수했다고 전한다.

또한 다음해에는 북계병마사 민희가 최우의 사병 3000명을 이끌고 서경을 공격하여, 몽골의 1차 침입 때 살리타에게 투항한 뒤 몽골군의 길잡이가 되었던 홍복원 일당을 요양 지방으로 몰아내는 데 성공하였다. 이로써 고려 안의 몽골세력은 완전히 축출되었고, 몽골의 2차 침입은 고려의 승리로 끝을 맺었다.

건우의 짧은 생각

강화도는 이 2차 침입 때부터 몽골과의 전쟁을 지휘하는 수도로 존재했던 것을 알 수가 있었다. 강화도는 세계를 주름잡던 몽골을 용감하게 물리친 곳이라는 생각이 들었다. 강화도와 강화 사람들, 고려인은 어떻게 그렇게 용감할 수 있었을까? 그래서 강화도에 대해 더 자세하게 살펴보고 이해하고 싶어졌다.

고려는 왜 강화도를 선택했을까?

　이번에 글을 쓰면서 강도(江都)라는 말을 처음 들었는데 강도라는 말은 강화왕도나 강화황도의 준말이라고 한다.

　강도가 가장 방어하기에 좋기 때문에 강화섬으로 수도를 선택한 것일까? 고종은 무신정권 시절이었기에 강화 천도를 결정할 수 있는 힘이 없었을 것 같다. 그렇다면 무신정권의 통치자 최우의 결정이었다는 이야기가 된다. 최우는 왜 강화도를 선택한 것일까? 최우라는 사람에 대해서는 따로 조사해 보고 나니 TV 드라마 〈무신〉에서 보던 것보다 훨씬 많은 일을 했고 업적도 많이 남긴 인물인 것을 알 수 있었다.

　박선생님께서 말씀하실 때마다 TV 드라마는 작가들이 쓴 것이라 사실과 많이 다르니 그대로 믿지 말라는 말씀을 다시 한 번 생각하게 되었다.

　강화도와 관련된 자료를 찾으려고 노력한 결과 세 권의 책을 구할 수 있었다. 2013년 1월 중순 우연히 서평택에 있는 한 농장에서 교회 수련회에 참석했는데 그 농장 교육실에서 강화도에 관한 전문 서적을 찾을 수 있었다. 도서관에서도 찾지 못했는데 왜 보지 못했는지 이상했다. 이 책의 이름은 〈신편 강화사〉로 상중하 세 권으로 되어 있었는데 무지 두껍고 한자도 많이 쓴 책이었다. 하지만 한자가 다 괄호 안에 들어 있어서 이해하는 데는 어려움이 없었다. 나중에 알게 된 거지만 강화군청에서 이미 이 내용들을 다운로드할 수 있게 배려해 주었는데 그것을 미처 모르고 헛수고를 많이 한 것이 후회가 되었다.

강화군 군사편찬위원회가 발행한 이 책에서는 무려 88명의 교수님 등 집필위원이 책을 써서 강화도에 관한 모든 것을 알게 해 주었고 큰 도움이 되었다.

개경과 가까운 곳이라서

강화도로 천도한 이유는 무엇일까를 생각해보고 자료를 찾아보니 그 대부분의 대답은 지리적으로 개경과 가깝다는 점이었다. 고등학교 지리 부도를 보면 개성과 강화섬의 철산까지는 채 20km가 되지 않는 가까운 거리였다. 그러고보니 수도 개경에서 피할 곳을 꼽아봐야 몇 군데 갈 만한 곳이 없었다. 지금의 서울로 올 수도 있었겠지만 거리로는 강화보다 좀 남쪽이라도 평지로 이동해 오는 몽골군을 막아내기가 쉽지 않았을 것 같기도 하다.

또 더 남쪽으로 간다 해도 역시 적을 막을 곳이 마땅치 않았을 것 같다. 임진왜란의 기록을 보면 부산에서 서울까지 한달도 걸리지 않고 왜군이 침략한 것을 보면 알 수 있을 것이다. 강화도는 그런 면에서 보자면 개경과 지리적으로도 가깝고 몽골군이 쉽게 접근하기는 어려운 곳임을 알 수가 있었다.

조광 교수님은 강화도에 대해 "선사시대 이래 인류가 거주해 왔으며 고려 시대에 몽골 침입에 저항하던 중심지였고 조선시대에는 국방상 주요 거점으로 주목받아 왔으며 국난 극복의 역사를 실증하는 장소가 되었다"고 쓰셨다.

이 때문에 고려 시대 최우를 비롯한 당시의 무신정권 지도자들은 몽골과 전쟁을 하기 위해 강화도 천도를 결정하고 개경 남쪽 40리 지점에 있던 승천포를 통해 강화로 옮기게 되었던 것이다.

고종이 자란 곳이라서

무신정권 시대 몽골과 전쟁이 벌어지고 이를 막아가며 싸운 임금이 바로 고종이신데 고종이 어릴 때 사셨던 곳이 강화도라는 점을 알고는 깜짝 놀랐다. 이번에 책을 쓰면서 고종 무덤을 가 보고 왔는데 그때는 고종의 무덤을 강화도 깊숙한 높은 산지에 쓴 것을 보고 몽골군이 무덤을 파헤쳐 가지 못하게 그렇게 했나보다 하고 생각했다. 그런데 고종이 어린 시절 강화도에 살았다는 기록을 보니 죽으면서 어린 시절 살았던 곳으로 가서 묻히면 좋겠다고 생각했을지도 모르겠다는 생각이 들었다.

강화도는 고려시대에는 밉보인 신하들을 귀양을 보내는 귀양지였던 것 같다. 김기덕 교수님이 쓴 내용을 보면 고려 명종의 태자 왕숙이 강화도에 귀양 가 있었던 것으로 보인다. 또 최충헌이 강제로 쫓아낸 희종 임금도 처음에는 강화도로 귀양 갔다가 나중에 다른 곳으로 옮겨진 것을 볼 수 있었다. 또 희종은 나중에 죽어서 강화도에서 장사하였고 능은 석릉이라고 했다는 기록도 있었다. 시간이 없어서 석능은 가 보지 못하고 정보만 이 책에 옮겨 쓰기로 했다.

놀라운 것은 고려 고종이 강화도에 들어온 것이 여섯 살 때였다는 점이었다. 1192년에 태어난 고종은 명종의 손자였다. 그런데 명종이 1197년에 왕에서 쫓겨나면서 고종의 아버지인 태자 왕숙도 쫓겨났던 것이다. 그 때 왕숙의 아들 고종도 강화도로 귀양을 와서 언제 죽을지도 모르는 생활을 했던 것같다.

강화도에서 고종은 19살 때까지 살았다고 한다. 김기덕 교수님은 고종이 1210년에 아버지가 귀양에서 풀려날 때 아버지와 함께 개경으로 돌아왔을 것이라고 기록하고 있다.

강화도가 비교적 부자섬이라서

다른 조그만 섬에 비해 강화도는 비교적 부자섬이었던 것같다. 고성훈 연구사님은

과일이 잘 자라는 섬이라서 강화주민들이 과일 재배를 많이 했다고 한다. 조선 세종 때 기록을 보면 쌀을 한 해 8만 석에서 9만 석이나 생산했다고 한다. 감자 유자 석류 모과 등 각종 과수나무를 심었던 것 같다.

또 바다를 사방에 끼고 있어서 어업이 발달하고 소금을 생산하는 염장이 11곳이나 되었다는 기록도 나온다고 한다. 민어 병어 전어 청어 등 16개나 되는 어종의 물고기가 잡혔다고 한다. 섬도 넓고 땅이 기름져서 농사도 좋고 어업도 잘 되니 몽골과의 전쟁 때 버틸만하다고 생각했던 것이다.

또 강화섬의 사람들이 무술을 좋아한 것 같기도 하다. 기질이 굳세고 강해서 무과 급제자가 많았던 것이다.

또 놀라운 기록을 보았다. 강화도에 인구가 얼마나 사는지 궁금해서 네이버를 찾아보니 2011년 10월 31일 현재 66,963명이라고 나와 있었다.

그런데 고려대학교 조광 교수님은 고려 무신 정권이 강화도로 천도할 때 인구를 훨씬 큰 규모로 보셨다.

"강화도에 천도할 때 개성에 살던 10만 여호(호는 한 가구를 말하는 것이다) 즉 50여 만명이 함께 이주했던 것으로 추정된다."

그 근거로 1234년 1월에 강화도에 큰 불이 났는데 수 천호가 불이 탔고 3월에도 불이 났는데 역시 수 천호가 탔다는 것을 증거로 들고 있다. 그러니 삼분의 일만 개경에서 옮겨왔다고 해도 3만 호 즉 3만 가정이 강화도에 들어와 살았고 그 중에서 수천 집이 불이 났다는 이야기였을 것이다. 그러면 강화도 인구가 15만 명은 훨씬 넘었을 것 같다.

인천시립박물관에서 조사한 자료를 보니까 조선 시대 15세기 중엽의 강화도 인구는 2,445호로 3,283명, 또 18세기에는 9,967호로 33,913명에 이르렀다고 했다. 그러니 고려 강화도 수도 시절에 인구 수가 얼마나 많았는지를 짐작할 수 있을 것이다.

조류와 절벽이 자연 요새를 만들었다

김기덕 건국대학교 교수님의 글을 읽었더니 강화도가 하늘이 준 요새지였던 것을 알 수 있었다. 지리의 조건이 갯벌이 발달되어 배를 함부로 대기 어렵고 진입도 쉽지 않았다고 한다.

실제로 강화도에 가서 보니 물이 빠질 때와 들어 갈 때 바다 밑에 골짜기가 많고 진흙 투성이라 배가 자칫 하면 휩쓸려내려 갈 것 같기도 하고 또 진흙 갯벌에 빠져 꼼짝 못하는 일도 발생할 것 같았다.

고려대학교 김창현 교수님이 쓴 글을 보면 강화도가 어떤 곳이었는 지 이해하는데 도움이 될 것 같아 일부 글을 여기에 옮겨둔다.

강도(강화)의 지형과 모습에 대해 최자는 〈삼도부〉에서 다음과 같 이 노래하였다.

"안으로는 마니산과 혈구산의 첩첩뻗음에 의지하였고
밖으로는 동진(통진)과 백마산의 네 요새를 경계로 하였네.
출입할 때 수하(誰何)는 그 동쪽의 갑화관(갑곶관)에서 하고
빈객을 보내고 맞이함은 그 북쪽의 풍포관(제포관)에서 하네
두 화(華)가 문지방이 되고 두 효가 지도리가 되니 진짜 천지의 핵

심이라"

"굽어보니 물이 깊어 전율하고 우러러보니 벽처럼 막아서 아득하니
오리와 매가 전혀 날아들 수 없고 승냥이와 범이 엿볼 수 없네"

너무 어려운 한자말이 많아서 박기현 선생님에게 질문을 드렸더니
다음과 같이 쉽게 해설해 주셨다.

"안쪽에선 마니산과 혈구산이 가리워주고 바깥쪽에선 통진과 백마
산이 막아주니 사방이 다 경계를 서 준다. 섬을 출입할 때 누구냐고 상
대를 확인하는 것은 동쪽 갑곶관에서 하면 되고 손님을 보내고 맞을
때는 북쪽 제포관에서 하면 된다. 산과 곶이 문지방이 되고 돌쩌귀가
되니 천지의 요새로구나. 그러니 외부의 어떤 적도 쳐들어 오기 어렵
고 엿보기도 어렵도다"

강화도는 바닷물로 사방이 막혀 있고 높이 솟은 산이 곳곳에 있어
자연 요새가 되었던 것이다. 대부도 옆 선유도에 놀러 갔을 때 뻘밭에
한 번 발이 빠진 적이 있었는데 얼마나 깊고 끈적한지 발이 빠지지 않
아 애 먹은 기억이 난다. 그러니 조수의 차이가 심하고 뻘이 깊고 깊
은 강화도는 선박이 들어서기가 대단히 불편한 곳이라 적이 들어올

길목만 잘 지키면 함부로 침입하기 어려웠을 것이라는 것을 정말로 깊이 깨닫게 되었다. 강화도는 정말 요새였다는 생각이 들었다.

강화의 입지 조건과 고려 수군

강화도는 남북으로 28km, 동서로 16km, 해안선이 모두 112km에 달하는 섬이다. 역사 리록은 강화도 해안선이 3백리라고 쓴 곳도 있었다. 또 강화도는 남과 서로 29개의 섬이 더 있고 본 섬 안에만도 수십 개의 산이 있어서 요새다운 곳이라고 했다. 그럼 이 자연적인 요새로만 몽골군을 물리칠 수 있었을까? 다른 이유도 있을 것 같아 논문과 글을 더 찾아 보았다.

박 선생님이 찾아 준 김창현 선생님 기록을 보니 강화도에서 고려군이 가진 배가 1,000척 정도였다고 한다. 고려군이 가진 배가 일천 척이 넘는다는 것이 쉽게 믿어지지가 않았다.

TV 드라마 '무신'에서는 배타고 싸우는 장면이나 배에 대한 이야기는 들은 적도 없었기에 너무 놀라지 않을 수 없었다.

"강화의 북쪽은 물이 넓어 수군이 지키면 되었고 동쪽의 갑곶강은 폭이 좁고 물살이 세서 성곽을 쌓아야 했다. 무인정권은 갑곶강 연안을 따라 길다란 외성을 쌓았으며 막강한 해군을 양성해 바다를 지켰다. 최항이 병선을 갖추어 수로에 배치했다는 것으로 보나 최항이 군함의 건조를 주도하였음을 알 수 있다. 당시 고려 수군은 1,000척 정도의 대규모 함대를 보유하였으리라 짐작된다. 또 강화에는 무인정권을 지키는 도방 마별초 삼별초 등의 정예부대 수만 명이 주둔해 있었다."

"5,000~3만 명 정도의 몽골군이 그것도 대부분 육군으로 구성된 몽골군이 이러한 강화를 함락하는 것은 불가능했다. 몽골군은 승천부에서 강화를 바라보며 출륙을 요구하는 사신을 보내거나 갑곶강 밖의 통진에 와서 시위를 벌일 수밖에 없었다. 이규보는 갑곶강 밖에 몽골군이 주둔한 것에 사람들이 놀라자 읊었다.

"오랑캐 종자가 비록 완악하다고 하지만 어찌 능히 날아서 물을 건널 수 있으랴. 저들도 역시 건널 수 없음을 알기에 와서 진쳐 시위할 뿐이네. 누가 능히 물에 들어가라 타이르리오. 물에 들어가면 모두 죽을 것이기에."

이 글을 읽어보니 그동안의 궁금증이 풀렸다. 강화도가 과연 요새였고 몽골군과 싸우기 위해 많은 준비를 했던 것을 알 수 있었다.

강화도 사람들이 용감했다

강화도에서 살던 사람들은 개경에 살던 왕족과 문무 관리들이 쏟아져 이사해 오자 정신이 없었을 것같다. 게다가 그들이 오자마자 강화도에 개경처럼 궁궐을 짓기 시작하고 성을 쌓아 몽골군의 공격에 대비하려 하였으니 아마도 조용하게 살던 섬사람들은 무척이나 성쌓기와 궁궐 공사에 시달렸고 한편으로는 농사와 어업으로 한편으로는 전쟁 준비에 시달리며 살았을 것 같았다.

강화도 사람들이 어떤 특성을 가졌는지 알아보고 싶어 많은 자료를 뒤졌는데 별로 도움이 될 만한 것이 없었는데 박 선생님이 옛날 신문 자료를 네이버에서 뒤지는 방법을 알려주셨다. 강화도에 관해 네이버 뉴스 라이브러리에서 찾으니 재미있는 옛날 신문 정보들이 나왔다. 그 중에서 1985년 10월24일 경향신문 보도에 신국토기행이라는 것이 있었는데 강화도에 관해 재미있는 내용이 들어 있었다.

"1 개성, 2 강화라 하여 오줌도 맛보고 산다는 개성 사람인가 하면 강화 사람들은 개성 깍정이에 버금간다는 강화 깍정이라는 말이 나왔다. 또 수원 깍정이가 강화 깍정이 앞에선 못당하는 이야기도 있었다."

그만큼 강화도 사람들의 근성이 대단하다는 이야기인 것 같았다.
늘 다른 나라로부터 외침을 많이 당해 왔고 바다와 접해 있어서 거친 환경과 싸워야 하니 근성이 강해질 수 밖에 없을 것같기도 하다.
한편으로는 강화도가 고려 시대 수도였고 많은 왕족과 귀족의 유배지로 그들의 후손이 살아 왔다는 자부심도 있는 것 같았다. 그래서 강화도 사람들은 스스로를 잘 지키고 또 긍지도 있다는 생각이 들었다. 몽골과의 전쟁에서 승리한 이유도 이런 데서 찾아볼 수 있는게 아닌가 싶었다.

강화에서 성을 쌓다

조광 교수님은 강화도에 쌓은 성 규모를 이렇게 기록하셨다.

"이는 최씨 무인정권이 가지고 있던 무단적 권력으로 인해 가능했던 일이기도 하다. 최씨 무인정권은 1232년 강화천도가 결정된 직후 군대를 동원하여 궁궐공사와 3874척에 이른 내성공사에 착수했다. 이듬해에는 외성을 쌓기 시작했다. 1234년에는 여러 도의 장정을 동원하여 궁궐 및 각 관청을 건립했다. 또한 1235년에는 연강제안을 추가로 쌓았다. 1237년을 전후해서 길이가 3만 7076척에 이르는 강화외성을 완성했고, 1250년에는 중성을 쌓았다. 이처럼 장기간에 걸쳐 강화에 도성의 면모를 갖추기 위한 토목공사가 지속되고 있었다."

참 아쉬운 것은 지금은 거의 흔적이 남아 있지 않다는 점이다. 강화외성은 아주 조금만 남은 그 흔적을 살펴볼 수 있는 지금의 증거라고 할 수 있다.

강화 외성

  강화군청이 제공하고 있는 자료를 보면 강화 외성의 규모를 짐작할
수 있을 것같다.

  인천광역시 강화군 안에서도 강화읍, 선원면, 불은면, 길상면(강화
도의 동해안쪽 일대)에 남아 있는 것이 강화 외성이다.

  "강화 외성은 고려 제23대 고종이 1232년 몽골의 침입으로 강화도
로 천도한 후 고종 20년(1233년)에 외적의 침입에 대비하여 해안 방
어를 목적으로 적북돈대로부터 초지진까지 23km에 걸쳐 축조된 성으
로서 조선조에 들어와서도 비상시에 국왕의 피난처인 도성의 외성으

로 수축하고 있어 당시 도성의 구조 및 축성사 연구는 물론 고려 후기 ~17세기 후반까지의 축성기법의 변화상 연구에 있어 학술적으로 매우 중요한 유적이다.

북쪽으로는 적북돈(대산리 산1번지)에서부터 염하 해안가를 따라 휴암돈 · 월곶돈 · 제승돈 · 염주돈 · 갑곶돈 · 가리산돈 · 좌강돈 · 용당돈 · 화도돈 · 오두돈 · 광성돈 · 용두돈 · 손돌목돈 · 덕진돈을 경유하여 초지돈(길상면 초지리 624번지)까지 축조된 성으로서 둘레는 23만 225m이며, 수문은 21개이다.

강화는 집권자들에 의해서 유사시 천도를 가상한 보장처로서 인식되고 있었기 때문에 내륙으로부터 강화를 침략하는 외적의 방어를 위한 관방시설이 필요하였다. 1차 관방시설이 김포의 문수산성이었으며, 2차 관방시설이 바로 염하를 사이에 두고 있는 강화외성이었다.

1691년(숙종 17)에는 외성 축조가 시작되었는데, 옥포에서부터 초지에 이르렀던 당시 외성의 길이는 43리 200보였다. 그후 외성은 1718년(숙종 44)에 월곶돈에서부터 휴암돈까지 연장·증축되었다. 1742년(영조 18)에 시작해서 2년 동안에는 강화유수 김시혁(金始爀)의 건의에 의해 전성으로 개축되었다. 1753년에는 무너진 전성을 석성으로 개축하고 있다.

가장 마지막에 남아 있었던 강화외성은 북으로 적북돈에서부터 남으로 초지진에 이르기까지 염하 해안선을 따라 축조된 성곽으로서 그 길이가 약 24km에 달한다. 현재는 석축이 대부분 붕괴되어 토성으로

남아 있으면서 석열이 드문드문 보일 뿐이다. 그러나 외성의 석축이 가장 잘 남아 있는 곳은 좌강돈대에서 가리산돈대 해안가 도로 방면 이며 오두돈대 남쪽에 전성이 현존하고 있어 외성의 당시 규모를 추 정할 수 있다."

이 글을 보면 대부분 조선시대에 와서 다시 증개축을 하고 쌓은 기 록이다. 그만큼 고려 시대에 어느 정도였는지는 쉽게 상상하기 어려 운 것 같다.

하지만 몽골군이 강화도 점령을 쉽게 해내지 못한 것이 지리적인 이점 말고도 강화 외성도 한 몫을 한 것 아닌가 하는 생각도 들었다.

강화도의 궁궐은 어떤 규모였을까?

강화도에 고종이 들어 왔다면 궁궐도 함께 건축되었을 것이라고 생각했다. 그렇다면 강화도의 고려 궁궐은 어떻게 생겼을까? MBC TV 무신에서는 고려궁궐이 나오는데 상당히 웅장했다. 그래서 용인에 있는 드라미아에 가 보기도 하고 여러 가지 글도 찾아보았는데 정확하게 알 수 없었다. 그래서 고려 궁궐에 대해 계속 궁금해 했더니 박선 생님께서 예전에 써 놓았던 글이 있다며 보내주셨다. 송악 궁궐에 대한 기사였다. 허락을 받아 여기에 일부만 옮겨 쓰기로 했다.

"고려는 고구려를 계승한다는 목표 아래 송악(개성)을 도읍지로 선택하고 평양에도 이성을 쌓는 등 몇 차례 궁궐을 지으면서 독특한 건축문화를 이룩해 갔다. 무엇보다 고려궁궐에 영향을 준 것은 풍수지리설이었다.

고려의 정궁은 후삼국시대에 태봉이 쌓았던 발어참성이라는 성을 그대로 이용하면서 태조 2년에 그 자리에 새로 창건되었는데 사실은 중수의 개념이었다. 정종과 성종대를 거치면서 왕권이 강화되고 법제가 정비되자, 현종이 왕실의 면모를 새롭게 하기 위해 지은 궁궐은 규모도 크고 궁궐의 기능이 보다 완비된 모습으로 발전했다.

고려시대의 궁궐은 어떤 모습이었을까? 지금은 북한 개성시 송악산 남쪽 기슭에 위치한 만월대에는 고려왕조 450년동안 왕들이 살았던 궁궐이 있었다. 고려 말 홍건족의 침입(1362년, 공민왕11년)으로 불타 없어져 지금은 빈터에 누문(樓門), 전각(殿閣)의 주춧돌만이 당시를 말해줄 뿐이지만 고려도경이 그 모습을 추측해준다.

고려 궁궐은 풍수지리설에 입각한 명당자리를 궁궐터로 선정하였기 때문에 경사가 가파른 숭산 언덕을 그대로 활용하여 자연과의 조화를 이룬 점이 돋보인다. 지대에 따라 차이가 나는 높이문제를 해결하기 위해 높은 기단을 쌓아 건물별 높낮이 차이를 극복하고 정전을 비롯한 주요 건물은 4면에 행각을 둘러 폐쇄적인 공간을 형성했다.

송악의 궁궐은 멀리서 보면 웅장한 건물들이 언덕을 따라 올라가면서 겹겹이 포개져 있는 것 같은 모습이라 장관을 이루었을 것으로 추측된다. 고려에 온 중국사신이 감탄할 정도였다면 가히 동아시아 최고수준의 궁궐이라 할 만하다.

이 궁궐은 궁성의 규모만 거의 38만평(37만 8천여 평)에 이르고 평지에 건축되지 않고 산록의 지형에 따라 높은 곳에 위치했으며 남북으로 긴 형태에 궁궐 전체가 삼층 구조를 이루었다는 것과 여러 문을 거쳐 정전(正殿)이 자리 잡고 있는 구조를 가졌다는 점이 특징이다.

쉽게 말해 궁궐이 경복궁 같은 모양이 아니라 멀리서 보면 산속에 있는 큰 사찰 같았다는 이야기이다. 궁성 주위에는 13개의 문이 있었으며 그중 정동문(正東門)이던 광화문은 주요 도로와 연결돼 있었다.

또 궁궐에 옹성은 없고 장식은 무척 화려했으며 정문을 승평문이라 불렀다. 그리고 두 채의 문을 지나서 정전인 희경전이 있었는데 희경

전은 정전의 정문인 희경문과 이 문에서 시작하는 회랑에 둘러 싸여 중앙에 위치해 있었고 다섯 장이나 되는 높은 기단위에 정면 9칸, 측면 5칸의 웅장하고 화려한 건물로 세워져 다른 건물들과 차별화를 이루었다.

당시에 송악의 궁성안에는 여러 전각들이 있었으며 각각의 기능들도 달랐다. 예를 들자면 중국 사신을 접대하는 건덕전, 유사시에 왕이 거처하는 원덕전, 조정업무를 편전하는 선정전, 태자가 사는 좌춘궁 등이다.

고려사에서 의종(1146~1170)은 궁궐 건축사에 길이 기억될 만한 인물이다. 그는 남이 지은 궁궐에 거처하기를 꺼려하였던지 풍수지리 및 도참설을 신봉하여 수많은 개인의 집을 빼앗아 이궁으로 만들어 옮겨 다니면서 호화로운 건축과 조원을 여러 곳에 만들었다. 장락궁에 동서 10여리 되는 곳에 좌우궁을 세운 문종, 대화궁을 만든 인종도 고려궁궐의 건축사에 기록될 만하다.

고려궁지

이 기록을 생각하면서 고려궁지를 찾아가 보았다. 인천광역시 강화군 강화읍 관청리에 있는 고려시대의 궁궐터는 지금은 거의 옛 흔적이 없어져버렸다.

설명을 읽어보니 이렇게 나와 있었다.

사적 제133호. 지정면적 7,534㎡

이곳은 고려가 몽골군의 침략에 대항하기 위하여 도읍을 송도(松都)에서 강화로 옮긴 1232년(고종 19)부터 다시 환도한 1270년(원종 11)까지 38년간 사용되던 고려궁궐터이다.

‘고려사절요’에 의하면, 최우(崔瑀)는 이령군(二領軍)을 동원하여 이곳에 궁궐을 지었다. 비록 규모는 작았으나 송도 궁궐과 비슷하게 만들고 궁궐의 뒷산 이름도 송악(松岳)이라 하였다고 되어 있다.

강화도에는 정궁(正宮) 이외에도 행궁(行宮)·이궁(離宮)·가궐(假

闕) 등 많은 궁궐이 있었는데, 이곳 강화읍 관청리 부근은 정궁이 있었던 터로 추정된다."

실제 이곳을 가보니 주변 땅보다 높은 곳에 위치해 있었고 올라가서 마을쪽을 내려다보니 전망은 아주 좋았던 것으로 생각된다.

고려 시대에 강화도에 세운 고려 궁궐 안에는 정문을 세우고 이름도 붙였던 모양이다. 정문 이름은 승평문(昇平門)이었고, 양측에 삼층루의 문이 두개가 있었으며 동쪽에 광화문(廣化門)이 있었다고 한다.

이 궁은 1270년 송도로 환도할 때에 모두 허물어졌다고 나와 있었다. 왜 멀쩡하던 궁궐을 없애버린 것인지 궁금했는데 고려궁지 설명문을 읽어보니 몽골군이 개경으로 고려 정부가 돌아가면서 모두 허물어버리라고 요구했기 때문이란다. 다시 고려군이 강화도에 들어와 전쟁을 계속할 것을 두려워한 몽골의 요구가 있었다는 이야기였다.

한편 이곳은 조선시대에도 국난을 맞으면서 청나라가 쳐들어 왔을때 강화도를 피난지로 정하여 1631년(인조 9) 고려 옛 궁터에 행궁을 건립하였던 것으로 알려져 있다.

이 때 전각과 강화유수부 외규장각 등을 세웠으나 병인양요 때 프랑스군에 의하여 거의 소실되고, 현재 관아건물인 명위헌(明威軒)·이방청(吏房廳) 등만 남아 있다.

팔만대장경은 어떤 책일까?

팔만대장경의 기원

팔만대장경의 시작은 어디서부터였을까를 찾아보았더니 우리나라에서 시작된 것이 아니라는 사실을 알게 되었다. 자료를 보니 북송이라는 중국에서 처음 제작된 것이었다.

당시에 나온 책 이름은 좀 복잡한데 '북송칙판대장경(北宋勅板大藏經)'이라고 했다. 세계 최초의 불교 대장경이었다. 이 책은 불교의 발원지인 인도와 중국 우리나라를 합쳐서 처음 만들어진 대장경이었다고 한다. 이 책으로 인해 중국에 전파된 불교가 체계를 갖추었다고 한다. 그 때까지는 아직 가르치는 사람도 배우는 사람도 불교에 대한 이

해가 부족했던 것이라고 볼 수 있을 것 같다. '북송칙판대장경'은 그러니까 불교 원리를 제대로 가르쳐 준 교과서 같은 존재라고 할 수 있을 것 같다.

송나라 태조가 직접 지시해서 만든 것인데 972년에 경판을 새기기 시작해 11년만에 완성했다. 총 1,076부 5,048권이나 되는 무지무지 많은 불경책이고 목판만 13만 장이나 되었다고 한다. 그런데 안타까운 것은 지금은 모두 전해지지 않는다는 것이다.

목판이라는 것은 이 장경을 그냥 종이에 쓰지 못했기 때문에 ‒ 종이가 아직 보급되지 않던 시절이었단다. 나무를 얇게 켜서 판자를 만들어 부처의 말씀을 새겨 넣고 이것을 판화처럼 찍어서 보도록 한 것이다. 인쇄술의 발달과도 이어지는 이야기인 것인 줄 알겠다.

고려에는 성종10년(991)에 사신으로 갔던 한언공이라는 인물이 송나라에 다녀오면서 관판대장경 481함 2,500권을 가지고 들어왔고 현종13년(1022)에는 한조가 역시 송나라에서 이 장경을 보완한 500여 권의 불경을 가져와 고려도 대장경을 만들게 되는 기초가 되었다고 한다.

특히 현종이 즉위한 후 거란족 등 북방의 침입이 계속되자 고려왕실은 적을 물리치는 방법으로 대장경을 만들게 된 것이다.

현종이 지시하고 1029년까지 완성을 한 다음에 고칠 것을 고쳐서 1087년 정도에 완성을 끝냈다고 한다. 이를 초조대장경이라고 불렀는데 부인사라는 절에 보관해 오다가 고종 임금 19년(1232)에 살리타이가 쳐들어 오면서 불타버렸다.

몽골군은 정말 물에서 싸우지 못한 것일까?

그런데 몽골군이 정말 수전에 약해서 강화도를 침략하지 못한 것일까? 몽골과 고려군이 나중에 일본을 공격하다가 태풍에 휩쓸려 실패한 이야기는 들었지만 그것은 큰 바다에 나갔을 때 이야기이고 강화도와 육지 사이에 그 짧은 거리를 넘어서지 못하고 강화도를 공격하지 못한 것은 아무래도 좀 이상하다는 생각이 들었다.

이 궁금증에 대해 박기현 선생님은 몽골군이 꼭 수전에 약하다고 보기에는 무리가 있다라고 하시면서 몽골군이 전군을 동원하고 모든 선박을 동원했으면 강화도를 공격할 수 있었을지도 모르겠다고 하셨다. 그런데 몽골의 전략에서 고려를 목숨걸고 이기려 하기보다는 협상을 통해 항복을 이끌어내고 싶어한 게 아닌가 라는 해석이셨다.

윤용혁 공주대학교 교수님은 이 부분에 대해 강화도를 공략하지 않은 게 아니라 공략 못한 것이라고 말씀하셨다. 윤교수님은 이 글에서 1254년 몽골의 병선 7척이 갈도를 공격했고 다음 해에는 조도를 공격했으나 이기지 못했고 그 다음 해에 또 자랄타이가 70척의 배로 압해도를 침략했지만 성공하지 못했다고 기록하셨다.

어쨌든 몽골군은 강화도라는 섬에 대해 공격하기가 쉽지 않자 육지에 사는 백성을 괴롭히고 교섭을 이끌어내려고 압박하면서도 강화도 공격은 끝내 제대로 하지 못했음을 알 수가 있었다.

얼마나 오랫동안 싸웠나?

정예군인 몽골군을 상대로 고려는 과연 얼마동안 싸웠을까? 몽골이 처음 전쟁을 걸어 온 1231년부터 강화도를 벗어나 개경으로 돌아간 것이 환도한 1270년 5월까지였으니 무려 40년간이라고 할 수 있을 것이다.

여기에 몽골과의 협상을 거부하고 마지막까지 싸운 삼별초 항쟁까지 포함하면 1273년까지 43년간을 싸웠다고 할 수 있다.

이렇게 볼 때 고려는 세계 역사상 가장 넓은 영토를 정복한 몽골이라는 강대한 나라와 40년간에 걸쳐 싸웠다는 점을 생각하면 자랑스러운 일이라는 생각이 들었다.

무신정권 아래에서 고려의 정예군과 의병들이 함께 맞서 싸운 전쟁이었던 것이다. 학교에서 배울 때는 몽골군이 고려를 침략하면서 피해를 입힌 것만 생각하고 져버린 전쟁이라고 생각하고 있었는데 이번에 글을 쓰면서 자료를 조사하고 교수님들이 여러 가지 이론을 보여주신 것을 읽어보니 몽골과의 전쟁은 우리가 할 수 있는 최선의 항쟁을 벌인 것이라는 자랑스런 생각마저 들었다.

고려가 강화도로 들어온 후에도 몽골은 계속해서 전쟁을 걸어 왔다.

3차 몽골 침입

처인성에서 한 판 큰 싸움을 벌였던 몽골군은 살레타이가 사망한 후 고려에서 철수했지만 복수를 다짐하며 1235년 다시 고려로 쳐들어 왔다.

이 전쟁은 무려 5년간이나 계속되었다고 한다. 몽골군은 강화도를 침략하지 못하자 군사를 경상도와 충청도 전라도까지 돌려 공격하였다. 전국이 전쟁속에 들어간 것이었다. 이 중에서 죽주성 전투가 대단히 치열했다고 한다. 죽주성이 어디인지 살펴보았더니 경기도 안성이었다.

몽골군들이 죽주성을 점령하지 못하고 퇴각하는 모습은 MBC TV 드라마 〈무신〉에서 똑똑히 보았다.

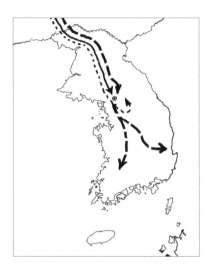

방호별감 송문주 장군은 밀물처럼 밀려드는 몽골군 병사들 앞에서도 "물러서지 마라 끝까지 싸워라!"라고 외치며 전투를 지휘했다. 자료를 보니 송문주 장군은 몽골군이 1차 침입했을 때 귀주성에서 박서 장군과 함께 싸운 장군이었다.

몽골 장군은 한달간 버티는 고려 죽산성 저항을 그대로 받아들이고 "여기서 더이상 시간을 지체할 수는 없다. 분하지만 죽주성은 이쯤에서 포기하겠다."라고 선언하는 장면이 특별히 기억난다.

3차 침입에서 특별히 문제가 된 것이 있었다. 바로 경주에 있는 황룡사 9층탑이 불타버렸다는 것이다. 귀중한 신라의 유산이 불타버린 것은 지금도 안타까운 일이다. 자료를 보면 이 때 몽골은 고종을 개경으로 돌아오게 요구하고 몽골에 들어와 황제에게 알현하라고 요구했는데 고려는 강화도에서는 강화외성을 완공하고 몽골과 전쟁을 계속하겠다는 강한 의지를 보였다고 한다. 그리고는 고종의 먼 친척을 왕자로 속여 인사를 보냈다.

4차 침입

4차 침입은 1247년에 일어났다. 5년간 고려를 괴롭혔던 몽골은 내부 사정으로 고려를 공략하지 못했다고 한다. 몽골 태종 오고타이가 죽었기 때문에 정치적으로 혼란스러웠을 것이었다. 그러나 다시 고려를 완전히 정복시키기 위해 몽골군이 침입했고 황해도쪽에 머물면서 강화도에 있던 고려 정부를 압박했다고 한다. 4차 침입에 대한 역사 기록은 별로 찾을 수 없었다. 주로 서해안쪽을 공격한 것이 특징인데 전라도도 이 때 공격했기 때문에 피해가 대단히 컸다고 한다

5차 침입

1252년 몽골의 새로운 황제가 고려 왕의 입조를 요구하고 압력을 강화하기 시작했다. 고려가 계속 미루자 1253년 5차 침입을 시작했다. 4차 침입보다 더 전국적으로 전쟁이 벌어졌는데 동해안을 따라 강릉까지 침입했고 다시 중부지방도 전쟁터가 되고 말았다. 5차 침입에서 기억나는 장면은 충주성 싸움이었다. 충주성을 지킨 장군은 바

로 살레타이를 화살로 쏴 죽인 김윤후였다. 그는 70일간이나 몽골의 맹렬한 공격을 물리치고 성을 지켰다. 성안에 있던 백성들은 죽을 힘을 다해 싸웠다고 한다.

이 자료를 읽다가 이런 생각이 들었다. 강화도에 있던 귀족과 무신정권의 지도자들은 육지에 있던 백성들이 죽어라고 싸울 때 아무 것도 하지 않고 고생도 하지 않았다는 것이다.

백성을 위해 앞장 서서 목숨을 걸어야 할 무신정권의 지도자들이 매일 술마시고 사치로운 생활을 할 때 전국에서 농민과 의병들은 매일 죽어갔다는 것이 너무도 슬픈 일이라는 생각이 들었다.

6차 침입

6차 침입은 차라대로 알려진 쟈랄타이가 이끄는 군대로 1254년부터 59년까지 큰 전쟁을 걸어 왔다. 전국을 휩쓸었던 이 전투에서 경상도 깊숙한 곳까지 공격한 몽골군은 식량을 빼앗으며 닥치는 대로 사람들을 죽였다. 이 전투에서 기억할 곳은 상주전투였다. 이 전투에서 몽골군은 대패하고 돌아갔다. 임연은 무신정권의 지도자 김준을 밀어내고 정변을 일으켰던 이 전투에서 이름을 크게 얻었다고 한다.

고려의 피해는 실로 컸는데 〈고려사〉 기록을 보면 한 해 동안 몽골군에게 포로가 된 사람이 206,800여 명이었고, 살육된 사람은 헤아

릴 수 없었으며, 몽골군이 거치고 지나간 주·현은 모두 잿더미가 되었다고 한다.

자료를 보니 6차 침입은 괴산 진천 충주 상주 파주 인천 제천 신안 아산 등 중부 지방 깊숙한 곳과 평안도 지방을 교대로 공격하며 고려를 괴롭혔던 것이다. 이 전투에서 쟈랄타이는 70척의 수군을 앞세워 전라도의 압해도를 공격했다고 한다. 압해도가 어딘지 몰랐는데 지도를 찾아보고 놀랐다.

목포 앞에 있는 섬으로 신안군의 많은 섬 가운데 하나였다. 몽골이 왜 이 섬을 공격했는지 알 수 없는 일인데 선생님 말로는 강화도 공격을 위해 미리 연습한 것이 아닌가 혹은 강화도를 이렇게 공격할 수 있으니 빨리 항복하라는 압박이었다는 것이었다. 그럴 수 있겠다는 생각이 들었다. 어쨌든 이 전쟁에서 고려는 더 이상 버티는 것이 불가능하다고 보고 태자(나중에 원종이 되는 분)를 몽골에 보내 입조하게 했다.

29년만에 일단 위험한 평화가 시작된 것이다.

이 전쟁에서 고려는 그나마 쿠빌라이 황제를 만나 눈도장을 찍은 것이 다행이었다.

윤용혁 교수님은 이 상황을 글로 이렇게 표현하셨다.

"당시 태자였던 원종은 몽골 황제의 죽음으로 뒤에 원나라 황제가 된 쿠빌라이를 만나고 귀환하였다. 이 때 쿠빌라이는 "고려는 만 리나 되는 큰 나라. 옛날 당 태종도 정복하지 못했는데 그 태자가 왔으니 하늘의 뜻이다"라고 크게 반가워 했다고 한다.

이 글을 읽으면서 고려인들이 얼마나 당당했는지 자랑스러웠다. 전 세계에 이름을 널리 떨쳤던 쿠빌라이조차 고려에 대해 두려움을 가졌다는 이야기가 아닌가.

건우의 짧은 생각

"고려는 끈질기게 전쟁을 계속하면서 나라를 지켰다. 강화도에서는 무신정권과 고종이 전쟁을 계속했고 육지에서는 일반 백성과 의병이 몽골에 대항해 용감히 싸웠다. 일반 백성들이 싸우면서 이 전투가 몽골의 침략을 물리치는 큰 힘이 되었다. 천대받던 노비와 천민들까지도 용감히 싸운 것도 고려가 몽골과 당당히 싸운데 큰 도움이 되었다. 정말 자랑스러운 일이라고 생각한다."

전쟁을 직접 수행하고 고생한 이들은 육지의 백성이었다

강화도에 자리잡은 고려 정부는 몽골군의 엄청난 군사력 앞에 도망 치듯 들어와 있었지만 사실 전쟁은 육지에 남아 있던 백성들이 엄청 난 희생을 치러가며 싸워야 했다.

이에 반해서 고려의 무신들은 몽골과의 전쟁에서 싸우라고 소리치 며 지도력을 발휘한 것처럼 보이지만 사실은 전쟁을 하기 보단 자기들 끼리 정치 투쟁을 하거나 호사스런 사치생활을 즐기는 모습을 보였다.

김형우 강화역사문화연구소장님은 이에 대해 이렇게 쓰셨다.

"그들은 수시로 연회를 배풀며 향락을 즐기고 있었다. 최우는 자신의 저택 정원에 심을 나무를 본토에서 실어와 수십 리에 달하는 정원을 꾸 몄고 최항은 자신의 저택에 대신들을 초대하여 연회를 열었는데 거기 서 격구를 관람하였다고 하였으니 격구장까지 있었음을 알 수 있다."

고려와 조선시대에 무신들이 무예를 익히는 방법으로 하던 놀이. 타구(打毬) 또는 포구(抛毬)라고도 한다. 오늘날의 골프 또는 하키와 같이 막대기로 공을 치는 경기라고 되어 있었다. 드라마 '무신'에서 노 예였던 김준이 눈에 띄게 격구를 잘해 최우의 눈에 띄는 장면이 나오 는데 용인 드라미아에서 격구장을 재현해 놓은 모습을 볼 수 있었다.

드라마 무신은 이 모습을 제대로 보여주지 않아서 몰랐는데 이번에 자료를 찾으며 살펴보니까 몽골과의 전쟁에서 고려 무신정부는 제대로 전쟁을 하지 못하고 강화도에 머물러 있었고 대부분의 전쟁은 백성들이 치

러야 했던 것을 알 수 있었다. 박 선생님은 항몽전쟁 때 고려의 상황을 이렇게 정리해 주셨다.

"당시 고려에는 초기 군제가 붕괴되고 무신들은 저마다 사병(私兵)을 두고 있었지만 사병들이 전선에 투입되는 일은 거의 없었다. 오히려 각지의 농민들이 산성과 섬으로 들어가서 몽골군과 치열한 항전을 벌였던 것이다. 몽골의 1차 침입 때 서북면도병마사 박서가 지휘한 귀주성이나 최춘명이 지휘한 자주성에서의 승리는 그 지역 농민들이 자발적으로 참전하여 얻어낸 승리였다.

사회적으로 천대받던 부곡민이나 천민들도 대몽항쟁에 적극 참여했는데 2차침입 때 승려 김윤후가 적장 살리타이를 사살했던 처인성 전투에서 고려의 주력부대가 바로 부곡민들이었다. 또한 5차침입 때 다

인철소(多仁鐵所)에서 얻어낸 승리도 역시 천민들에 의한 것이었다. 많은 역사학자들도 초기 고려가 대몽항쟁에 나설 수 있었던 숨은 공로자들로 민중세력을 꼽고 있다. 대몽항쟁에 힘을 보탠 것은 앞에서 본 천민들뿐 아니라 농민봉기에 나선 도적떼들도 있었다. 신분차별과 천대를 멀리하고 국가를 지켜낸 최선봉에 이들이 있었다는 것은 삼별초의 항쟁에 큰 힘을 보태준 것이었다.

이것은 후일 대몽강화가 성립된 뒤 고려정부의 개경환도에 반대하여 삼별초가 봉기했을 때 개경과 밀성(密陽) 등지에서 관노와 농민들이 이에 호응했다는 기록이 이를 뒷받침해준다."

항몽 전쟁중에도 범죄가 많았다

　MBC TV 드라마인 무신을 보고 용인에 있는 무신 촬영장(드라미아)를 갔다. 거기서 감옥을 봤는데 과연 고려 시대 감옥이었는지는 너무 의심스러웠다. 너무 엉성하고 찬바람이 다 들어오게 구멍이 여기 저기 뚫려 있었다. 아무리 죄인이라고 해도 저렇게 관리를 못하면 겨울에는 전부 얼어 죽었을 것이다. 하지만 죄인들이 갇히는 감옥을 보고 고려의 법에 대해 관심이 갔다. 그래서 선생님의 도움을 받고 인터넷과 국회 도서관의 자료들을 찾아서 우리나라 법의 기원에 대하여 알아보았다.

단군조선 때부터 법이 있었다

우리나라에서 법이라는 개념이 처음 등장한 때는 고조선이라고 배워온 단군조선 시절이었다. 8조 금법이란 것이 백성들의 죄를 규정하여 미리 방지하기 위해 법률의 조목을 결정한 것으로, 살인과 상해, 절도죄에 대한 법조항이 보이는 것을 보면 당시에 이미 이런 죄들이 있었다는 것을 알 수 있다. 이처럼 법률은 풍속을 반영하는 것이라 그 나라의 법률을 보면 사회 풍속을 읽어낼 수가 있다고 한다.

오늘 아침에 신문 사회면을 읽었더니 우리 사회에 정말 많은 범죄가 일어나는 것을 알 수가 있었다. 고려사회도 사람 사는 사회니 온갖 범죄들이 들끓었을 것이다.

삼국시대에도 있었겠지만 고려에 대한 이야기를 하고 있으니까 나는 고려에 관한 정보만 찾기로 했다.

과연 고려 법에 관한 자료가 있었다. 서긍이라는 송나라 사람이 우리나라 고려에 대해 쓴 기록이 남아 있었다. 송나라와 고려는 아주 관계가 좋아서 요즘 같으면 우리나라와 미국처럼 서로 왕래가 잦고 학자들이 많이 왔다갔다 하는 좋은 사이였다고 한다.

서긍은 고려 감옥의 모습이 담장이 높고 튼튼하며 반지처럼 동그랗게 생겼다고 썼다. 가벼운 죄는 형부로 보내고 무거운 죄는 감옥으로 보냈다. 하지만 돈을 내면 처벌을 면제해 주기도 했다니 유전무죄 무전유죄라는 말이 유행했을 것이다.

엄격하게 죄수를 다루다

백과사전을 찾아보니 고려 때부터는 고려 이후에는 태(笞) 장 도(徒) 유사의 5형 제도가 확립되었다고 했다. 너무 어려운 말이라 다시 사전을 찾아보니 조금 이해가 되었다.

> **태형** : 5가지 형 가운데 죄인의 볼기를 작은 형장으로 치던 형벌이라고 나와 있었다. 형장은 또 뭔가? 다시 찾아보니 형장은 죄인을 심문할 때 쓰는 몽둥이란다.

장형 : 죄인의 볼기를 큰 형장으로 치던 벌이란다. 태형은 작은 몽둥이를 쓰고 장형은 큰 몽둥이를 쓰니 장형이 훨씬 큰 벌임을 알 수가 있었다.

도형 : 고려 시대에 대한 자료가 없어서 조선 것을 참고했는데 도형은 오형(五刑) 가운데 죄인을 중노동에 종사시키던 형벌이란다. 요즘 같으면 징역형을 말하는 것 같다. 일 년, 일 년 반, 이 년, 이 년 반, 삼 년의 다섯 등급이 있었는데 이를 줄이려면 징역 일 년에 대해 곤장 육십 대를 치고 한 등급마다 열 대씩 증가시켜 맞도록 했단다.

유형 : 사는 곳에서 멀리 귀양 보내는 귀양형이란다. 원래는 죽을 때까지 유배지에 머무르게 하는 것이 원칙이었다고 한다. 하지만 정치적인 이유로 귀양을 보내는 경우가 많았기 때문에 중간에 감형해 주거나 풀어주는 경우도 있었다. 죄의 질이 어떠냐에 따라 멀고 가까운 형벌의 차이를 두었다고 한다.

사형 : 범죄를 저지르면 죽이는 것이다. 요즘 우리나라에서는 사형 제도가 있었고 실제로는 집행하지 않는다고 들었는데 고려 때는 죄인을 사형시키는 경우가 아주 많았다고 한다.

다음은 박 선생님이 찾아서 정리해 주신 고려 형벌의 종류와 형기다.

"고려 법률은 또 죄가 인정될 경우에 유죄의 형기를 정해놓았는데 손발로 사람을 쳐서 상하게 한 사람은 10일의 형기를 주었는데 요즘의 단순 폭행죄가 여기에 해당한다. 다른 물건으로 사람을 상하게 한 자의 형기는 20일, 칼로 상하게 한 자는 40일, 팔다리를 부러뜨린 죄는 50일 등으로 정해져 있었다. 죄의 종류로는 나라의 기반을 흔드는 모반죄와 대역죄, 악역죄와 불효죄 살인죄 강도죄 절도죄 등이 있었다. 그 중 모반죄와 대역죄 악역죄 불효죄는 중죄로 다스렸는데, 관리가 독직할 경우 과전(科田)을 몰수하고 장형이나 도형에 처했다는 기록이 있다.

면제규정도 있어 요즘의 대통령 특별사면 비슷한 것이 있었는데 왕의 생일이나 제삿날 등 축하할 일, 명절 등에 법집행을 미루거나 금지하는 제도가 있었다. 또 귀양형을 받아 멀리 떠난 자가 유형지에 도착하기 전에 고향의 부모와 조부모의 상을 당했을 때는 7일간의 휴가를 주어 다녀오게 했다.

절도로 잡혀 온 부녀자가 임신한 것이 밝혀져 출산을 앞두고 있으면 요즘의 보석제도와 비슷한 보증제도를 통해 특정한 사람을 보증세우면 30일까지 출산휴가를 보내 줬다고 한다. 이런 것은 합리적인 것이었다. 만일 잡혀온 자가 70세 이상의 부모를 두고 봉양할 가족이 없는 경우 부모 봉양을 위해 형집행을 보류시켰다.

이밖에 부모나 남편의 죽음으로 상을 당했을 때 상복을 입지 않고 있는 자나, 초상을 치르지 않는 자, 조부모의 상사가 났다고 거짓말하고 휴가를 내거나 직무를 피하는 자에 대한 형벌도 기록되어 있었다.

남의 무덤을 파헤치는 못된 범죄도 있었던지 다른 사람의 무덤에 몰래 무덤을 만드는 자는 매를 50대 때리는 형을 가했다고 한다. 당시 불교가 널리 퍼져 있었던 터라 화장이 일반적이었는데 남의 무덤에까지 몰래 무덤을 쓸 일이 있겠는가 의심이 가지만 고려인들의 풍수지리설에 대한 집착이 강했던 점을 생각하면 좋은 명당자리에 묘자리를 쓰고 싶은 마음이 이런 범죄를 낳게 한 것이 아닌가 생각된다."

당시 고려 사회에서는 형벌이 대단히 가혹했다고 한다.

부패를 막기 위해 세금을 부당하게 받아 자기 배를 채운 관리에게는 피륙 한 자(약 30cm)에 해당하는 금액이면 곤장 100대를 맞게 했다고 한다. 피륙은 직물을 말하는 것이다. 곤장 백 대를 맞고 살 수가 있었을지 모르겠다. 형벌은 가혹했는데 제대로 처벌했는지는 알 수가 없는 일이다. 왜냐하면 고려 말기까지 관리들이 부패가 얼마나 심했는지 곳곳에서 반란이 일어난 것 아닌가. 법대로 하지 않고 형벌도 뇌물을 받고 솜방망이처럼 한 것이 아닐까 모르겠다.

다시 말하자면 당시에 관리들이 부패가 얼마나 심했는지를 보여주는 증거인 것 같다.

　중국 영화에서 가끔씩 보게 되는 얼굴에 낙인찍는 형벌도 고려 시대에 있었다. '크루세이더 킹즈'라는 게임을 보면 비잔틴에선 적들의 눈을 뽑는 경우를 볼 수 있는데 소 한 마리를 죽였다고 얼굴에 낙인을 찍는 것은 좀 심한 형벌이라는 생각도 든다. 얼굴에 낙인이 찍히면 그 동네는 물론이고 어느 곳에 가서 살아도 죄인인 것을 알 수 있게 되니 아주 큰 형벌일 수밖에 없을 것이다.

　도망친 노비는 큰 벌을 받았고 이를 숨겨준 사람도 벌을 받게 했다. 노비는 천민이라서 차별을 많이 받은 데다 함부로 이사를 갈 수도 없었다고 한다. 결혼도 마음대로 못해서 만일 노비가 평민의 딸에게 장가를 가면 종과 딸의 집주인까지 다 처벌을 받았다고 한다.

2부

고려에 대한 X파일

고려에 대한 X파일

몽골과의 전쟁을 다룬 1부까지는 어떻게라도 자료를 보고 쓸 수 있었는데 그 다음부터는 도저히 알 수 가 없는 전문적인 내용들이 많아서 진행을 할 수가 없었다. 그래서 어떻게 할까 고민을 하다가 박선 생님께서 차라리 모르는 것을 제가 물어보고 선생님이 답해주시는 것을 녹음해서 정리해 보는 것이 좋겠다고 말씀해 주셨다. 그게 좋을 것 같아서 2부는 제가 모르는 것을 선생님께 물어보고 그 대답을 창우가 인터뷰로 정리해 보기로 한 것이다.

무신의 난이 일어난 진짜 이유는 무엇일까?

건우 : 무신의 난이 일어나지 않았으면 고려는 강한 나라로 계속 있었을까요? 그 점이 참 궁금합니다. 무신의 난이 발생한 원인을 찾아보니 그 깊은 원인은 결국 차별 때문이라는 생각을 하게 되었거든요. 그러면 왜 고려 정부가 무신들을 차별하게 됐을까요?

선생님 : 그럴 수도 아닐 수도 있겠지. 역사에는 가정이라는 게 없단다. 만약… 그런 건 역사에서 의미가 없는 일 아닐까? 지나간 사건을 돌릴 수 없는 것과 마찬가지지.

원인이 없는 결과가 어디 있겠니? 굴뚝에 연기가 나는 것은 아궁이에 불을 땠기 때문이란다. 무신의 난은 고려 의종 24년(1170년) 정중부 등에 의해 일어났어. 무신의 난, 혹은 정중부의 난은 고려사를 전기와 후기로 나눌 만큼 고려에 큰 영향을 미쳤다고 할 수 있어. 이것은 당시 의종이라는 한 임금의 잘못도 있고 그동안 계속되어 온 무신들에 대해 무시와 차별이 사건을 만든 것이라고 할 수 있지. 무신의 난은 무신들에 의해 일어난 반란으로 특히 정중부의 난을 가리키는 말이야. 의종 24년 정중부 이의방 이고 등이 무신들에 대한 천대가 극심하자 난을 일으켰어. 그들은 왕과 태자를 추방하고 문신들을 죽이고 왕의 동생을 왕으로 내세워 정권을 잡았으니 그 다음부터 왕은 제 역할을 하지 못하게 되어 무신이 지배하는 사회가 된 거라."

건우 : 그럼 무신의 난은 하루아침에 생겨났다기보다 오랜 문제를 풀지 못하고 있다가 터져나온 거다라고 볼 수 있겠네요.

선생님 : 그렇지. 건우 생각이 점점 깊어지는구나. 이 사건은 의종이라는 단 한 군주의 잘못으로 일어난 사건이라기보다는 고려 사회에 계속 내려온 전통, 문신을 우대하고 무신을 우습게 본 사건들이 쌓이고 쌓여 일어난 것으로 보는 게 맞단다.

대체로 고려 사회는 호족들이 중심이 되어 나라를 일으켰고 그들의 후손들이 정권의 지도계층으로 올라서며 대를 이어왔기 때문에 귀족 중심 사회에서 귀족 문신들이 상대적으로 무신을 멸시하게 된 것이라고 보는 것이지.

한 나라는 시대 상황에 따라 어느 한 쪽을 우위로 둘 수밖에 없단다. 즉, 전란이 일어나면 국가의 운영이 원래 전시 체제로 전환되기 마련이므로 무장들이 이름을 날리는 것은 당연하고, 전쟁의 승패가 나라의 생존을 좌우하는 만큼 무장들의 발언권이 그 만큼 강해지는 거지.

그러나 평상시로 돌아오면 관료 체제로 전환 되므로 직업적으로 전문 관료들이 조정을 운영하는 상황이 된단다. 이때는 당연히 문인으로 구성된 직업 관료의 발언권이 강해지는 것이야.

그런데 고려 초기에는 후삼국을 통일하는 과정에서 많은 무인 출신들이 공을 세웠고 이들이 공훈 귀족을 차지하게 되었겠지? 고려 초기는 이들을 제거하기 위해 과거를 통해 신진 문인 출신의 관료들을 대거 등용하여 우대했을 거야. 이러한 문인 우대 분위기는 나라가 안정을 찾고 문물이 발전해 가면서 더욱 가속화됐다고 보는 거란다.

이 때문에 고려의 안정기로 들어와 북방 민족의 본격적인 외침이 일어났을 때도 무인들은 정2품 평장사 이상의 품계는 올라갈 수 없었고 평시에는 정3품 상장군이 최고직이었어. 따라서 총사령관은 언제나 문인들이었어. 이미 세치 혀로 강동 6주를 빼앗아

온 서희나 구주 대첩의 대 영웅 강감찬, 여진 정벌의 윤관, 묘청의 난을 제압한 김부식 등이 모두 문인 출신임을 보면 알 수 있는 일이란다. 사실 이건 조선시대에도 그랬단다.

건우 : 조선도 그랬다면 고려 왕들이 정치를 잘못했다는 이야기가 되잖아요? 삼국시대에는 그런 일이 없었잖아요?

선생님 : 그랬다고 말할 수 있을 거다. 고려 왕들이 자기 역할을 잘못한 책임도 분명히 있을 거야. 그러나 사회 구조가 귀족 중심이고 문신 중심이라는 것은 본질적으로 무신들이 하찮은 대접을 받기 마련이란다.

결국 이런 분위기가 계속되면서 내재된 무인들의 불만은 문인과의 심리적 갈등을 가져오게 만들고 말았지. 한편 무인들 상류 사회에서의 이런 불만에다 일반 군인들 사이에서도 군인전이 제대로 지급되지 않아 생활이 곤란하고 잡역을 하는데도 자주 차출되어 혹사당하면서 사회적으로 무인 계급들이 모두 불만에 쌓이게 된 것이란다.

왜 고려는 무신을 차별하는 정책을 가졌지?

건우 : 그럼에도 이상해요. 그 이전 삼국시대까지는 안 그랬는데 왜 고려는 무신을 차별하게 됐을까요? 이 점은 아무리 자료를 찾아봐도 제대로 나온 곳이 없었어요.

선생님 : 고려의 전통적인 문인 우대 정책에 따라 조정의 문인과 무인의 차별 대우가 무인들의 불만을 높여 무신의 난이 일어났다는 생각이 우리 역사학계에 지배적이란다. 하지만 왜 그런 전통이 생겼는지에 대해서는 제대로 된 연구가 진행되지 않고 있는 것도 사실이야.

보통은 광종이 개혁정치를 하면서 호족들을 누르고 왕권을 강화하는 과정에서 무신들을 약화시킨 것이 그 처음이라는 이야기를 하곤 해. 나는 이 점을 나름대로 생각해 보다가 그런 이유 말고도 송나라의 영향이 미친 것이 아닌가 그런 생각이 들었어.

건우 : 중국 송나라 말씀인가요? 왜 송나라의 영향이 우리나라에 미친 걸까요?

선생님 : 송나라가 왜 망했는지 알고 있지? 동아시아사 공부할 때 내가 잠깐 이야기해 준 것 있었는데 기억 나니?

건우 : 잊어버렸는지 잘 기억이 안나는데요.

선생님 : 이 밥통아. 매일 물어볼 때는 진지하게 물어보고는 가르쳐주면 왜 잊어버리냐? 까마귀 고기를 먹었니? ㅋㅋㅋ

송나라는 국방력이 약해서 멸망한 거라고 내가 말해 주었잖니. 국방력이 약하다고 해서 군사가 없었던 것이 아니라 너무 많아서 국방경비가 너무 많이 들었으나 정작 제대로 싸울 군사는 별로 많지 않았단다. 문치주의 중심의 정책으로 무신들이 항상 문신들의 지휘를 받도록 한 정치적 전통을 가졌던 거지. 고려가 친송 정책을 펼쳤으니 이런 정책들을 본받은 게 아닐까? 본래 무신들이 강하면 자꾸 쿠데타가 일어나는 거잖아. 송나라는 그래서 문신우대 정책을 펼친 것이고 고려도 후삼국시대 여기 저기서 일어난 봉기들이 무신들이 중심이 된 사례가 많았으니 그렇게 된 것이 아닐까… 그렇게 조심스럽게 생각해 보고 있어.

네이버에 들어가서 송나라가 멸망한 이유를 쳐 봐. 여러 가지 의견을 알 수가 있을 거야.

건우 : 그럼 다른 학자들의 생각도 있는가 보죠?

선생님 : 왕권의 약화를 중요한 원인으로 보는 이들도 있단다. 잦은 정치적 혼란과 왕권을 노리는 권문세가들 및 왕족들의 왕위 쟁탈전이 기강의 해이를 불러왔고 왕권의 신성이 침해 받는 상황을 만들게 됐다는 것이지. 왕족과 귀족들의 정치적 욕심이 커지면서 갈등이 생겼고 이것이 왕권의 권위를 추락시켰고, 집권 문신층의 권위마저 실추시켜 왕권을 꼭두각시로 만들어도 된다는 구실을 주고 말았다는 해석이란다.

건우 : 무신의 난을 만들어 주는 결정적인 사건이 있었다고 들었는데요 이자겸이라는 사람이 그 주역이라는 글을 읽었습니다. 그가 무신의 난을 만들어 준 직접 동기가 된 것일까요?

선생님 : 이자겸 척준경이라는 인물이 그렇게 기여한 것으로 볼수가 있어. 고려가 무신들을 푸대접하는 상황에서 이자겸은 무신의 난을 만들어 주는데 기여하게 된단다. 이자겸 그도 문신 출신이었어. 그런데 자신의 권력을 키우기 위해 엄청난 숫자의 사병을 키웠어. 그러면서 무신들을 대우해 주기 시작해. 이자겸에 이은 척준경은 무신 출신으로 이들 세력을 키우는 데 결정적인 힘을 발휘했지. 이 둘은 인종과 깊은 관련이 있어. 이자겸은 인종에게 두 딸을 시집보내 외척으로 큰 힘을 잡았지. 친인척 모두를 권력에 집어 넣고 갖은 세도를 부렸단다. 인종이 자신에게 충성하던 인물들로 이자겸 척준경을 제거하기로 마음먹고 거사를 일으켰다가 실패하는 바람에 이자겸과 척준경은 더 힘이 세진 거란다. 이자겸은 인종을 자기 집으로 모셔다 놓고 자신이 국사를 결정하고 마음대로 처리해버리곤 했어.

그런데 인종이 틈을 보다가 척준경과 이자겸이 잠시 틈이 벌어진 사이를 이용해 척준경에게 힘을 실어주고 이자겸을 없애게 하지 그래서 천하의 이자겸이 무너지고 말아.

이미 이자겸 척준경은 온갖 권세를 잡고 문인 관료들을 무시했어. 묘청의 난에도 많은 무인들이 여기에 동참했다. 그런데 난의 진압과 함께 무인들이 갑자기 몰락하자 이에 대한 반동으로 무신들에 대한 푸대접이 더욱 기승을 부리게 됐거든.

건우 : 그럼 이자겸이 직접적인 원인이 된 것은 맞는 이야기군요.

선생님 : 직접적인 원인은 의종이라는 임금과 정중부라는 무신 때문이야. 참 대단했던 임금이지. 무인들을 푸대접한 것은 물론이고 태평대 환희대 미성대 등 많은 건물을 지어놓고 연못을 파고 산을 만들어 연회를 자주 열었어. 국고를 마음대로 낭비한 거지. 이런 호사스런 잔치에 참여할 수 있는 것은 문인들뿐이었어. 그들을 호위하고 다니는 무인들은 병졸뿐 아니라 장군들도 비참한 처지였단다. 봉급도 제대로 받지 못하는 처지에 갖은 행사에 끌려다니면서도 이들에게는 밥 한 그릇조차 제대로 주어지지 않았던 거야. 원래 군사들의 밥을 굶기면 그 전쟁은 해보나마나 라는 이야기가 있어.

무신의 난은 문신들이 만들어 준 것이다?

건우 : 무신이 수염을 뽑히는 모욕을 당했는데 그들에게는 난을 일으킬만한 이유가 된 거 아닐까요?

선생님 : 그렇게 생각할 수가 있어. 앞에서 이야기한 것처럼 척 준경이라는 무신이 그러한 권력의 중심이 되면서 무신들이 자신들도 할 수 있다는 생각을 하게 만든 계기가 되었다고 생각해.

의종이 여기에 불을 질러. 술과 연회를 좋아하여 매일같이 측근들을 데리고 놀러 나가면서도 무신들을 경비를 서게 하고 밥도 제대로 안 준 거야. 형편없는 대우에 무신들의 불만은 의종 초기부터 쌓여왔고 그것이 터진 것이 정중부의 난(1170년)이라고 할 수 있어.

건우 : 그럼 정중부의 난이 무신정권의 처음이라고 할 수 있겠네요.

선생님 : 그렇지 정중부의 난은 곧 무신정권의 시작이라고도 볼 수 있어 정중부의 난의 끝은 건우가 원고에 쓴 대로 고려 24대 원종 임금 시절로 생각해 볼 수도 있을 거야. 그래서 고려 역사를 전후기로 구분하는 중요한 사건이 무신의 난이 된 거란다.

건우 : 정중부의 난은 책으로 읽었는데 되게 복잡해요. 좀 간단하게 정리해 말씀해 주시면 좋겠어요.

선생님 : 역사는 간단하게 정리한다는 것이 쉽지 않아. 배경이 있고 그 안에 숨은 배경도 있고 경과와 결과가 있는 법이지. 정중부의 난을 보면 오랜 원한과 깊은 복수심, 우발적인 사건, 권력의 욕심, 인간의 도리 같은 복잡한 원인들이 자리잡고 있단다.
　정중부로서는 당대 최고의 권력자 김부식의 아들 김돈중과 맞닥뜨린 것이 비극의 시작이었어. 일생일대의 악연이었다고나 할까? 김돈중은 의종이 1167년 연등회에 행차했을 때 기마병의 화살 통을 말로 건드려 화살이 왕에게 떨어지는 사건을 일으켰지. 원래부터 심각한 자기 불안증을 보였던 의종은 암살범인줄 알고 현상금을 내걸고 밤낮으로 무사들을 호위 서게 하는 등 무신들을

괴롭혔다고 해. 아버지 인종이 이자겸의 난 때 공격받던 모습이 떠 올랐을 수도 있겠지.

하여튼 키가 7척이나 되는 정중부는 하위 장교 시절 김돈중이 그의 수염을 태워 버리는 어처구니없는 일을 벌였을 때 그를 두들겨 패 초죽음을 만들었다가 김부식에게 미움을 사 매질을 당하는 지경에 이르기도 했어. 문신들에 대해 심기가 불편할 수밖에 없었거든.

후에 상장군이 된 정중부의 한을 불을 지른 것은 이고와 이의방 등 동료 무신들이었어. 무신들의 눈치가 좋지 않자 이들을 달래려고 의종은 오병수박희(五兵手搏戲)라는 격구를 열었어.

건우 : 오병수박희라는 건 처음 듣는 건데 어떤 건가요?

선생님 : 정확히는 모르고 맨 손으로 하는 격투기 같은 것으로 생각되는데 사실 의종이 무신들을 달래주느라 시작한 거란다. 하지만 밥도 제대로 먹지 못하고 각종 노역과 잔치에 끌려 다니는 무신들이라 불만이 가득했지. 마침 쉰이 넘은 노장 이소응이 시합에 나왔다가 맥없이 지자 품계가 낮은 문인 환뢰가 이소응의 뺨을

후려치는 사태가 일어났어. 기름에 불을 얹은 격이었지. 정중부가 들고 일어나고 무인들이 칼을 치켜세우는 변고가 일어났지만 다행히 그 때는 참고 지나갔어. 의종이 제대로 된 임금이라면 그 때 수습했어야 했어. 하지만 의종은 행렬을 보현원으로 옮겼어. 잔치를 더 해보고 싶었던 것인지도 모를 일이지.

어쨌든 이미 죽기를 작정한 이의방과 이고 및 군사들이 달려들어 문신들을 칼로 베고 대궐로 달려가 환관과 관료들을 죽여 버리고 정권을 빼앗아버렸어. 쿠데타가 일어난 거야. 닥치는 대로 살상을 하고 난 다음 정중부는 갑자기 권력의 중심부에 선 거야. 지금 물러섰다가는 죽게 될 것이 뻔하잖아. 문인들의 재물을 빼앗고 의종을 폐위한 다음 그 동생 익양공으로 임금에 추대하니 그 분이 바로 명종이었어.

건우 : 정중부의 난이 그렇게 역사적으로 중요한 이유는 무엇일까요?

선생님 : 우선 100년에 걸친 무신 집권 시대를 열면서 중방이라는 새로운 집단 정치 지도 체제를 선보이게 한 거지. 이후에 무신

들이 자기들끼리 권력을 빼앗고 빼앗느라 큰 싸움을 버렸고 사치를 즐기고 권력을 마음대로 농락했어. 자기들이 미워하던 권력자들의 모습을 그대로 본받은 거야. 무신들의 욕심은 한번 터지고 나니 거침이 없었지. 권력을 두고 목숨을 건 사투가 벌어졌고 정중부 이의방 이고의 반란 3인 지도 체제는 이고의 배신으로 무너졌어. 자기만 홀대당한다고 느낀 거야. 그는 홀로 거사를 준비하다가 밀고당해 이의방에게 죽임을 당하고 말았어. 이런 식으로 서로 권력 싸움을 시작한 거야. 한편 정중부는 이의방이 태자비를 자기 딸로 세운 문제로 금이 가면서 서로 적대시하다가 이의방이 살해당하면서 권력의 중심에 섰지만 오래 가진 못했어. 지나친 권력욕으로 26세의 청년 장군 경대승에게 살해당하는 바람에 비극적인 삶을 마쳐야 했지. 권력은 참 무서운 거란다.

건우 : 그러면 이런 식으로 싸우느라 백성들은 참 고달팠을 것 같네요.

선생님 : 맞아. 생각이 거기까지 미치다니 놀라워. 이렇듯 무신들이 자기들 밥그릇 싸움에 빠져 있으면서 국정을 농락하니까 그

동안 무신 정권 하에서의 지식 계층 즉 무인과 승려 귀족층들은 소수 세력으로 남아 무신 계층의 눈치를 보며 삶을 지탱해 가는 지경이 됐겠지. 놀라운 변화였지. 이 바람에 글줄이나 하는 문인들은 시나 짓고 세상과 등지는 가 하면 말단 한직에 있으면서 신세 한탄이나 하고 적당히 눈치나 보며 살아가는 무리들로 전락하고 말았어. 백성들은 지도자들이 이 모양이니 더 어려워졌지. 농민들과 일부 관료들은 봉기를 일으키기도 하고 삶을 포기하는 경우도 많았어.

권력자들이 토지를 다 빼앗으면서 쫓겨난 농민 계층은 부자들의 소작농이 되거나. 지역을 이탈하여 유랑하는 신세가 되었고 반란군이 되어갔어. 결국 국력의 약화를 몰고 와 원나라가 침략해 왔을 때 이를 막지 못하고 패하고 말았단다..

건우 : 세계 역사에서 무신들이 존중받은 나라는 없었나요? 무신들이 정치를 잘 한 나라는 요?

선생님 : 세계사까지 갈 것도 없이 일본은 좀 달랐어. 중세시대 일본 무사들과 우리나라 무사들 간에 큰 차이점이 보인단다. 일본에선 12세기 후반부터 16세기 중반까지 우리나라보다 훨씬 긴 무

인 지배 체제가 형성되어 있었지. 그러나 일본의 무인들은 왕권이 없던 일본 중세 시대에 지방의 호족을 지키고 장원을 만들어 가는 자발적인 사람들이 대부분이었고 주종 관계를 확실히 하면서도 단결력이 대단히 강했단다. 또한 사리사욕보다는 막부의 운명에 목숨을 함께 걸었어. 절대 충성이었지. 이 때문에 지방 영주들이나 막부의 세력가들은 무인들에게 모든 것을 맡기고 힘을 실어 주었으며 무인 역시 이들의 신뢰를 버리지 않았어.

그래서 문신과 문신간의 알력 같은 내부적인 일보다는 무예의 수행도를 제 일로 따졌고 호족간의 전쟁이나 장원 쟁탈 및 방어에 목숨을 걸었단다.

건우 : 결국 고려의 무신 난은 왕들이 잘못한 거라고 볼 수 있겠네요. 정치가 잘못된 탓이라고 생각해도 되겠죠?

선생님 : 정치의 실종이 원인이라고 할 수 있을 거야. 지도자의 부덕과 자기들의 신분 상승을 노린 무신과 사리사욕에 빠진 문신이 만들어 낸 잘못된 합작품이라고 판단할 수 있을 것 같구나.

건우 : 최충헌으로 부터 시작된 최 씨 정권 이야기를 좀 들려주

세요. 너무 복잡해서 정리가 되지 않거든요.

선생님 : 아예 밥상을 차려 달라고 하렴. 대략 이야기하자면 이렇게 된단다. 최충헌은 원래부터 무신 출신이었단다. 그의 아버지는 상장군까지 올라 최충헌은 과거를 보지 않고 음서로 벼슬에 올랐어. 그는 조위총의 난을 진압하는 데 공을 세워 출세 길로 들어선 거야.

최충헌은 처음부터 이의민과 사이가 나빴던 건 아닌 모양이야. 최충헌의 동생 최충수가 이의민의 아들 이지영과 싸우게 되어 이의민 제거를 시도에 나서면서 함께 나섰지. 누가 잘 하고 누가 못하고의 문제라기보다 권력욕이 어제의 동지를 오늘의 적으로 만든 거지.

그는 동생과 이의민 일파의 제거에 성공하자 봉사 10조를 올려 개혁을 주장하면서 한편으로 명종을 쫓아내고 명종의 동생 신종을 세웠어. 이때 최충수가 태자 비를 쫓아내고 그의 딸을 태자비로 세우려다가 말리는 형 최충헌과 싸움이 붙어버렸어. 권력에는 형제도 핏줄도 없었던 거지. 형제간에 골육상쟁이 벌어져 동생 일파가 모두 잡혀 죽게 돼.

신종(1144년~1240년)은 힘이 없으니 모든 권력이 최충헌 일가로 넘어갔겠지? 이 때 권력 잡은 이들이 매일 이렇게 싸우니까 백성들은 너무 힘들게 살게 되었어. 그래서 이 때 만적의 난이라는 유명한 민란이 일어났지. 6년간의 허수아비 임금 노릇을 하던 신종이 죽고 태자가 왕위를 이어받아서 희종이 임금이 되었어. 이 때 최충헌을 쫓아내려는 거사가 일어났는데 실패하고 모조리 죽음을 맞았어. 당시에 범인을 추적하고 감시하던 기관이 교정도감이었는데 이것이 중방 대신에 무신 정권의 지휘부가 된 거야.

희종은 최충헌을 내몰려고 몇 번이고 거사를 준비했는데 다 실패하여 최충헌에게 강제로 폐위를 당해 강화로 쫓겨났지. 이때 희종이 31세였으니 겨우 7년11개월간 왕으로 있었던 거야.

최충헌은 희종의 뒤를 이을 왕으로 강종을 세웠어. 강종은 희종 쪽 핏줄이 아니라 명종의 핏줄이야. 나이 60에 왕이 되었지만 눈치만 보고 한 일은 없었어. 2년도 못돼 죽으면서 왕위를 물리니 그 분이 고종이야. 몽골 침입을 온몸으로 겪었던 분이지. 하여튼 최충헌은 고종까지 다섯 명의 왕을 모시면서 무소불위의 권력을 휘두르다가 병이 들어 1219년 71세로 죽었어.

삼별초 이야기 –
진도 망명정부, 새로운 나라를 꿈꾸다

건우 : 강화도가 무너지면서 삼별초만 남아서 항쟁을 계속하잖아요? 삼별초에 대해 자세하게 좀 알려주서요.

선생님 : 고려 왕실은 강화로 천도했다가 몽골에 항복하면서 몽골의 눈치를 보지 않을 수 없었지. 이 때문에 개경으로 수도를 옮기면서 강화도를 지금까지 지켰던 삼별초군을 해산시켰단다.

이들은 자존심과 프라이드가 아주 강하여 항복을 모르고 한 번 싸우면 끝까지 싸우는 용맹한 부대였어. 고려조정이 항복하고 삼별초를 해산시키자 이 명령에 불복한 이들은 배중손 등을 중심으로 한데 모여 강화를 봉쇄하고 몽골과 항복한 조정에 반기를 들었지. 1270년 6월 1일의 일이었어. 그러니까 삼별초는 아예 새로운 왕조를 건설하겠다고 생각한 건 아니었지만 지금 조정은 못 믿겠다는 거였지.

건우 : 저는 강화도만 조사해서 삼별초 이야기는 역사책에 나오는 기본적인 것만 알아요. 좀 구체적인 삼별초 이야기를 해 주세요.

선생님 : 나도 고려 삼별초 이야기는 잘 몰라. 자료를 조사해보니 상당히 관심이 가는 부분이 있더구나. 삼별초는 우선 왕족인 승화후 온을 새로운 왕으로 추대했어. 원종은 못 믿는다면서 원종과 6촌쯤 되는 가까운 친척을 뽑은 게 이상하지? 이들은 왕족 가운데서 왕을 뽑아야 정통성이 있다고 본 거란다. 하여튼 당시 중세시대로 봐서는 특별한 정책을 발표해서 백성들의 관심을 얻었어. 노비문서를 불태우고 평등사회를 건설하자고 나섰기 때문에 일반 백성들과 특히 천민들의 인기를 모았던 거야.

이건 프랑스 혁명 같이 시민권 평등권 같은 걸 주장하던 시기보다 몇 백년이나 앞선 거였기에 놀랄만한 일이었단다.

건우 : 시대를 앞서간 주장을 했는데 그것만 봐도 백성들 인기는 많았을 것 같네요. 그런데 삼별초는 왜 남쪽으로 더 내려간 걸까요?

선생님 : 몽골의 감시와 친 몽골정부인 고려의 감시를 피해보자는 생각이었을 거야. 개경에서 최대한 멀리, 그리고 비교적 안전한 곳. 그곳이 진도가 된 거지. 삼별초 지휘부는 재물과 강화도민을 이끌고 천 여척의 배로 진도로 옮겼어.

진도는 우리나라에서 세번 째로 큰 섬이라 강화도와 비교해도 부족한 것이 없는 섬이란다. 또 진도는 전라도에 인접해 있어서 전라도에서 지은 식량을 진도로 옮겨 오는데 특별한 문제가 없는 곳이지. 몽골과 고려 왕실을 싫어하는 농민들도 남쪽에 많이 살고 있었기 때문에 삼별초의 든든한 후원자가 되었단다.

또 진도섬은 주변에 물길이 거세고 조수간만의 차이가 심해서 바다를 잘 모르는 몽골군들이 공격하기 쉽지 않은 곳이지. 을돌목 물살은 뱃길을 모르는 사람은 절대 지나갈 수 없는 곳이란다.

또 섬이지만 농사가 잘 돼 식량 걱정이 없고 경상도와 전라도 앞바다를 손쉽게 감시할 수 있는 곳이야. 그래서 여기에 진을 치고 2만 명 정도가 성을 세우고 몽골과 고려 정부를 상대로 싸움을 시작하게 된 것이란다."

건우 : 선생님께 설명을 들으니 진도섬을 새로운 수도로 정한

까닭을 알 수 있었어요. 역사책으로는 삼별초가 처음에는 상당한 힘을 모았다던데요? 또 용장산성이라고 튼튼한 산성도 세운 것으로 알고 있어요.

선생님 : 삼별초는 진도에 옮겨오자마자 북동쪽에 있는 벽파진 가까이에 도성 자리를 정하고, 성을 쌓았지. 이것이 용장산성이라고 부르는 곳이야. 흙으로 쌓은 토성과 돌로 만든 석성이 섞여 있고 13km 둘레가 복원되었다는데 가 보지는 못하고 블로그로 사진만 보았단다.

용장산성은 건물이 17군데나 있었던 제법 큰 성이었다고 한다. 진도에서 시작한 삼별초는 일본에 외교서신을 보내 몽골과 맞서 싸우는 고려의 새 정부가 출현했음을 알려주는 등 외교적 활동도 했다고 해.

이들은 남해, 거제, 창선 제주 등을 비롯한 남해안 일대 섬까지 손에 넣고 제주도도 손에 넣었다. 남해안 일대와 전주 나주까지 진격하여 정부군과 전투를 벌였다. 삼별초의 세력이 커지면서 여러 고을이 항복하는 일도 있었다고 한다.

이제 고려 조정만으로는 삼별초를 누르기 어려워졌을 거야. 몽골의 도움이 필요하게 된 것이지.

건우 : 그렇게 강했던 삼별초가 왜 무너지고 말았을까요?

선생님 : 고려 조정은 당황했겠지. 원종도 자기를 지켜줄 군사는 부족하고 삼별초군이 강해지니까 잘못 하면 왕에서 쫓겨날까 걱정하지 않았을까? 그래서 몽골군에 지원군을 요청한 것이지. 김방경이 이끄는 여몽 연합군은 진도 앞바다까지 갔다가 삼별초군에 대패한 일도 있었어. 몽골도 고려 조정도 삼별초군을 쉽게 이기지 못했어. 삼별초는 이런 승리를 몇 차례나 계속하면서 아무래도 방심하게 되었던 것 같아.

다음 해 1271년 5월 15일 여몽연합군이 전쟁 준비를 제대로 하여 진도를 공격하기 시작했어. 병선 4백 여척에 군사는 만명이 넘는 대규모 병력이었는데 섬을 왼쪽과 오른 쪽으로 나누어 공격하고 용장산성 뒤를 기습했다고 해. 이 싸움에서 삼별초는 처참하게 패배해 온 왕이 아들과 함께 죽었고 지도자이던 배중손도 죽음을 맞게 되었지.

김통정은 남은 세력을 이끌고 제주도로 옮겼갔어. 제주의 항파

두리성은 삼별초가 쌓은 것이야. 삼별초는 제주에 들어오자마자 진도의 패배를 경험삼아 전쟁 준비와 수비 준비를 확실하게 했다고 해. 삼별초는 1년이 지난 후 다시 힘을 얻어 바다와 이웃한 고을을 공격하고 충청도 경기도 일대와 남해안 전체를 세력권으로 만들어 내었지. 그러나 1273

년 4월9일 여몽 연합군이 다시 1만5천명과 160척의 큰 배를 거느리고 제주를 공략하자 삼별초 정부는 더 이상 버티지 못하고 함락 당하고 말았단다.

1273년 4월28일에 마침내 삼별초는 완전히 패하고 말았다. 40년의 전쟁이 끝나는 순간이었지. 그래서 1231년에 시작된 항몽전쟁의 역사를 40년이라고 본단다. 하지만 이들의 꿋꿋한 항쟁 정신은 제주에 길이 흘러 남았단다.

무신정권이 망한 이유

고종의 아들 원종은 고종이 죽자 이듬해 즉위하였는데 그 때 나이 41세였다. 그는 무신 정권을 몰아내려는 욕심을 숨겨놓고 있었다. 그가 귀국해 왕위에 오르니 그가 바로 24대 원종(1219년~1274년)이었다.

원종은 왕권 회복을 1차적인 목표로 두고 있었기에 무신정권을 싫어했다. 실권자 김준은 자기 말을 듣지 않는 원종을 폐할 생각을 갖고 음모를 진행시켰는데 원종도 김준도 서로 공존하는 것이 불가능하다고 생각했고 기회만 서로 찾고 있었다. 마침내 원종은 강경파 김준을 주시하고 있다가 1268년 임연을 시켜 살해하도록 한다. 그러나 김준이 무너지자 임연이 득세했고 원종과 여전히 마찰을 일으켰다. 무신들과 문신들은 서로 생각이 달랐던 것 같다. 무신들은 강화도가 자신들에게 유리하다고 판단했고 문신들은 자신들의 고향과 같은 개경으로 돌아가야 힘을 얻을 수 있을 것이라고 생각했다. 몽골에 항복하면서 두 세력의 충돌이 일어났다.

선생님 : 이 부분에 대해서는 내가 건우에게 복사해 준 논문 한 부를 읽어보라고 한 적 있지? 그 논문을 읽어보고 정리해 봐.

건우 : 한자가 너무 많아서 읽을 수가 없었어요. 외삼촌한테 토를 달아달라고 해서 사전을 찾아가면서 읽었는데요 무신정권의 마지막 장면이 들어 있던데요? 한자가 너무 많아서 이해하기 어려웠지만 정리해 보니 대략 이렇게 되었어요.

- 최 씨 정권은 최의가 이어받은지 1년 만에 모시던 측근들에 의해 무너진다.
- 김준은 교정별감을 차지하고 나서 함께 난을 일으켰던 유경을 제거한다.
- 김준은 자신의 말을 듣지 않는 원종을 제거하려고 마음먹는다.
- 하지만 교정별감의 힘도 예전보다 약해져 있다.
- 원종이 임연을 시켜 김준을 제거한다.
- 임연은 자기 말을 듣지 않는 원종을 밀어내고 안경공 창을 국왕으로 내세운다.
- 몽골이 간섭하여 원종이 다시 왕위에 오른다.

- 임연이 화병으로 죽는다.
- 아들 임유무는 3개월 만에 무너져 힘을 잃었다.

선생님 : 아주 잘했어. 이런 사건들을 정리해 놓고 무신정권의
마지막을 생각해 보니 어떤 느낌이 들어?

건우의 짧은 생각

　　방송을 볼 때는 김준이란 인물이 착하고 성실한 것 같았는데 논문
이나 다른 책의 연구자료를 보니까 김준도 그냥 자기 욕심을 차리고
부귀를 바라서 백성을 착취하는 것이 다른 무신 지도자들과 다르지
않았다. 실망스러운 모습이었다.
　　김준이나 임연이나 이들 모두가 나라나 백성을 위해 자신을 희생
하는 모습을 보이지 않은 이유가 뭘까? 아무리 생각해도 무신정권
의 지도자들은 권력을 다투다가 스스로 멸망해버린 것이 틀림없는
것 같다. 원종은 개경 환도를 하면서 40년에 이르는 강화 궁궐 시대
를 끝냈는데 이 때 100년 무신 정권도 사실상 막을 내렸으니 오랜
기간 왕권이 지켜지지 않던 시절이었던 것 같다.

무신정권에 대한 자료들

건우 : 선생님 제가요 어디서 들은 이야기인데요. 고려가 몽골과 연합군을 만들어 일본을 공격하려고 한 적이 있었잖아요. 그런데 고려가 사실은 일본 공격을 방해했다는 이야기를 들었는데요. 사실입니까?

선생님 : 그런 연구가 있어. 고려가 마지못해 몽골과 협력은 했지만 사실은 돕고 싶지 않았다는 거야.

건우 : 그럼 구체적인 이야기를 좀 해주실 수 있을까요?

선생님 : 중국 대륙을 통일하고 고려를 잡아먹은 원나라는 동아시아에 유일하게 남은 나라 일본을 정복하고 싶었던 거야. 그래서 먼저 원나라는 일본에 사신을 보냈어. 원나라 세조가 보낸 편지를 잠깐 들여다볼까?

"몽골은 광대한 영토를 가진 대국으로 고려를 포함해 수많은 나라를 복종시켰다. 일본은 개국 이래로 짐의 대에 이르기까지 한 번도 친분을 맺지 않고 사신을 보내지 않았다. 전쟁은 누구나 싫어하는 것일 진즉 이번 기회에 짐의 뜻을 알리니 나라를 열고 국교를 맺어 친분을 맺겠는가. 잘 생각해 보기 바란다."

그런데 이 시절에 일본을 공격한다는 것이 얼마나 어려운 일인지 생각해 볼 필요가 있어. 지금이야 부산에서 페리호를 타고 현해탄을 건너 일본에 가는 게 너무 쉬운 일이지만 고려 시대 당시로는 결코 쉽지 않은 일이었단다. 그러니 원나라 황제가 꾀를 쓴 거지. 싸우지 않고 항복 받으려고 말이야.

건우 : 지난 번에 선생님이 신라나 일본에서 당나라로 학자와 승려들을 많이 보냈다고 하셨잖아요. 견당사라고 말씀했던 것 같은데요… 그들도 배를 타고 건너갔을 텐데요. 뱃길은 열려 있었으니까 일본 정도는 공격할 수 있을 것 같은데요?

선생님 : 맞아. 그건 그래. 하지만 배 한 척 두 척이 다니는 것

하고 전쟁은 달라. 한꺼번에 수십 수백 척이 움직여야 하잖아. 만약에 잘못 되면 온 나라가 휘청하는 거야. 그렇게 볼 때 일본은 지리적으로 외침이 거의 불가능한 나라였어. 그 옛날 돛배를 몰고 바다를 건너 대규모 전쟁을 벌인다는 것은 거의 불가능한 일이었지. 당시 일본에서는 8대 장군 호조 도키무네가 가마쿠라 막부를 이끌고 있었어. 그런데 이 젊은 지도자가 대담하게도 원나라의 요구를 묵살해 버리고 아무런 회답을 하지 않은 거야. 자존심이 상한 쿠빌라이 황제는 마침내 일본 원정을 결정하고 이를 고려에 통보했지.

충렬왕이 즉위한 지 4개월만인데 고려는 겨우 전쟁을 쉬나보다 했는데 또 전쟁에 휩쓸리게 된 거야. 식민지 시대는 원래 그런 거지만 너무도 고달픈 시절이었어. 1274년 10월경이었는데 충렬왕이 쿠빌라이의 사위니까 강제로 동원된 거야. 그해 10월 5일 선박 9백여 척에 나눠 탄 여몽연합군은 도원수에 원나라 장수 홀돈을 세우고 우부원수 홍다구, 좌부원수 유복형이 이끄는 2만 5천 명이 전쟁에 나섰어. 여기에는 충렬왕도 8천 명의 고려 군사를 지원했다고 해. 수군도 수군 6천7백여 명이 나섰고 말이지. 무려 4만 명이 넘는 대군이었어.

건우 : 와. 그러면 우리나라 수군까지 나섰는데 일본을 점령하지 못한 건 너무 이상하네요. 선생님 책에서 고려 해군은 해상전투에서 강한 실력을 가졌다고 말씀하신 걸로 기억하는데요?

선생님 : 그런 걸 기억하니? 맞아. 고려 해군은 막강했었지. 사실 여몽연합군은 숫적으로나 전술상으로나 월등히 일본군을 앞도하고도 남을 군사였어. 한 가지 중요한 것은 일본을 점령하지 못한 게 아니야. 맨 먼저 대마도를 함락시켰으니까. 14일에는 이키섬, 18일에는 나가사키현 마쓰우라 연안을 공격하여 20일 드디어 일본 본토의 관문인 하카타까지 상륙했어. 그러니 상륙작전도 성

공한 거야. 일본은 거의 저항하지 못했어. 그런데 날이 저물어 배로 철수한 여몽연합군에게 태풍이 갑자기 몰아친 거야. 요즘 같은 날씨예보가 없었으니까 꼼짝없이 당한 거지. 배는 난파당하고 1만여 명이 죽고 다치니까 주력군이 엉망인 상태에서 더 이상 공격을 할 수 없었던 거야.

건우 : 2차 공격도 있었다고 들었는데요. 그 때도 실패하잖아요.

선생님 : 그래. 맞아. 몽골은 1281년 다시 2차 정벌을 계획했어. 그 당시에 몽골은 호전적인 나라이고 국민성도 그랬어. 반드시 원수를 갚겠다고 나선 거지. 그러나 고려에선 전쟁에 신물이 난 거야. 원나라가 정동행성을 설치되고 사람과 물자를 강제 동원하면서 고려 사람들이 더 다치고 전쟁물자를 대느라 허리가 휠 지경이었어.

전쟁 물자를 징발당하고 많은 배를 만들려고 수많은 나무와 목수, 인부, 뱃길을 잘 아는 어민들이 어업과 농사를 짓지 못하고 6개월간 3만 5백여 명이 강제 노역에 나섰거든.

이번에도 여몽 연합군에 지원군을 합해 15만 명이나 모았어. 그리고는 4백여 척의 배에 정예군 4만 명을 같은 코스로 공격하게 해. 그런데 막상 일본해에 들어가니까 하카다만에 도착해 보니 일본군이 이번에는 너무 방어진지를 잘 세워놓고 지키고 있는 거야. 한 번 당했으니까 미리 대비해 둔거야. 일본 막부가 하카타만 연안에 1백여km의 석축을 쌓아놓아 상륙이 불가능한 거야.

그런데다 8월1일 큰 폭풍우가 몰라와 큰 타격을 입고 퇴각하고 말았어. 결국 두 번이나 실패하고 만 건 자연재해 때문이었다고 볼 수 있어. 하지만 고려 사람들이 몽골을 돕지 않으려고 선박을 부실하게 건조했고 전쟁에 소극적이었기 때문에 이기지 못했다는 다른 이야기도 있어.

실제로 실패한 원인에 대해 원나라 역사서는 관군이 정비되지 않은 탓으로 돌렸다는데 난 그 글은 직접 본 적은 없어. 하지만 여몽연합군의 충성도나 결속력이 약했던 것만은 분명한 사실 일거야. 그동안 보여 온 고려 수군의 막강한 조선술과 항해 실력에 비추어 볼 때 연합군이 일본 원정에 맥없이 주저앉은 이유는 분명 석연치 않은 점이 있기도 해. 이후 쿠빌라이는 다시 1282년과 1285년, 1292년에 일본 원정을 계획했지만 대륙에서 대규모 민중 항쟁이 일어나자 원정을 포기할 수 밖에 없었다.

건우 : 그런데 일본은 자기들이 이긴 것으로 선전하고 있다면서 요?

선생님 : 일본에선 신이 보내준 바람, 즉 신풍(가미카제, 神風) 이 도와주었다고 했지만 그 내면에는 이렇게 고려인의 보이지 않 는 외조가 있었던 것도 사실이란다.

고려가 약해진 이유
- 귀족과 승려의 사치가 넘쳤기 때문

통일 신라와 백제를 무너뜨리고 고려가 건국하면서 처음에는 안정된 나라였는데 왜 고려가 망하게 되었을까? 고려의 멸망 원인이 너무 궁금해졌다.

박 선생님께 그 점을 물어보았는데 고려 내부의 문제로 세 가지를 짚어 주셨다.

첫째 귀족과 백성들의 격차가 너무 커지면서 하나가 되지 못한 점

둘째 문신과 무신이 서로 싸우면서 국력이 약해진 점

셋째 승려 집단이 귀족보다 더 큰 힘을 가지게 된 점

또 외부적인 문제로는 거란과 원나라 같은 외국의 침입과 왜구의 노략질이 잦아 전쟁이 끊이지 않았던 점을 들어 주셨다.

건우 : 선생님, 고려 귀족들이 백성들을 괴롭히고 자기들만 잘 살려고 했다면서요? 제가 조사해보니까 고리대금업도 하고 땅을

마음대로 개간한 다음 그 땅을 제 것으로 만들어버렸다는 것을 알게 되었습니다. 고려 귀족들은 어떻게 살았을까요?

선생님 : 개간이라는 의미를 정확히 알아?

건우 : 땅을 넓히는 것을 말하는 거잖아요?

선생님 : 크게 보면 그렇긴 해. 정확히 말하자면 개간은 부족한 농지를 넓히려고 하는 사업을 말하는 것이야. 개간에는 몇 가지 방법이 있는데 높은 산을 깎아 평지를 만든 다음 논이나 밭을 만드는 방법과 버려진 땅을 논밭으로 쓸모 있게 만드는 법. 또 늪지같은 곳을 메워서 평평하게 만든 다음 논밭을 만드는 방법도 있어. 고려 귀족들은 나라에서 버려둔 땅을 마음대로 자기 것으로 만들고 노비들을 동원하여 땅을 개간하고 큰 이익을 챙겼지만 백성들은 고생만 하고 생기는 것이 없었어.
　게다가 고려 귀족들이 장생고라는 기관을 만들었는데 원래 이 기관은 백성들이 식량이 부족한 것을 꾸어주고 농사를 지어 갚도록 하자는 취지에서 시작한 거야. 그런데 높은 이자를 받아먹으며

이 기관을 운영했으니 백성들만 골탕 먹었다는 거지.

또 귀족들이 사치스럽게 살아서 백성들과 너무 차이가 나게 살게 된 점도 문제였어. 서민들은 듣지도 보지도 못한 금과 은 같은 귀중품과 인삼 등 송나라에 나갈 수출품을 집안 가득 채워놓고 송나라에서 수입해 온 자기와 서적, 약재들을 마음껏 차지했어.

귀족 부인들과 딸들은 속치마를 많이 입는 것을 자랑으로 여겼고 겉치마 길이가 8폭이나 되었다고 해. 또 앞에서 말한 승려의 폐해가 극심했어. 절에 대해서는 세금을 면제해 주었고 승려는 군에 보내지도 않았으며 출세한 승려들은 정치와 왕실에 깊숙이 간섭하고 권력을 휘두를 수 있었어. 이 때문에 어느 집에서든 한 집에 한 사람을 승려로 보내려는 것이 유행이었다고 한다.

건우 : 그러고 보면 귀족들이 자신들 배만 불려가며 살았던 거군요. 아주 나쁜 사람들이었다는 것을 알겠어요. 그런데 나라에서는 왜 이런 문제를 고치지 못했을까요?

선생님 : 임금의 문제라고 볼 수 있겠지. 제도적인 문제도 있었고… 이런 거지. 높은 벼슬을 하는 사람들을 감시하고 관리하는

벼슬아치가 있잖아. 그들이 직무를 게을리 한 거지. 팔은 안으로 굽는다는 말 알지? 자기들끼리 감싸주고 덮어주면서 임금한테는 알리지 않은 거지. 그러니 다 부패해 진 거란다. 그래서 빈익빈 부익부라고 없는 사람은 더 가난해지고 부자는 더 부자가 되어버리는 거지.

건우 : 알겠습니다. 그러면 어느 정도로 빈부간에 격차가 났을까요? 또 귀족들은 어떤 특권을 가졌나요?

선생님 : 빈부 격차는 말도 못할 정도였다고 해. 소작농이 일년 내내 농사를 지으면 절반 이상 가져가 버린 거야. 심하면 80-90%나 가지고 간 적도 있었어. 고려 상류층 즉 왕족과 친인척들, 그리고 관료와 귀족들은 모든 부와 명예를 누렸어. 고려 왕조가 시작되면서 왕실과 그 주변의 가족들, 왕조 창업에 목숨을 함께 한 공신들, 신라의 구귀족, 유력한 지방호족들이 광범위하게 하나의 연합체를 구성, 새로운 관료세력으로 등장하며 고려 사회의 귀족들이 되었지. 그러니 신분이 모든 것을 결정하는 기준이 되었고 가문이 더 중요시되는 사회가 되어버렸어. 귀족들은 최고 신분

계층으로 높은 자리는 이들이 다 차지했지. 경제력과 사회적 특권을 소유했고 그 신분이 자식들에게 세습으로 이어질 수 있도록 제도를 마련했어. 또 5품 이상의 고급 관리에게는 영업전(永業田)이라고도 부르는 공음전시(功蔭田柴 : 조정에서 군신들에게 마련해 지급하는, 토지로 주는 급여)를 지급하여 이를 세습할 수 있도록 해 줬다고 해. 봉급을 땅으로 줘서 거기서 나오는 농작물을 다 가지도록 한 거야.

전시지(田柴地)라는 것은 밭(田地)과 임야(柴地)를 합한 것을 말하는데 이런 막대한 토지가 봉급으로 나간 것만도 불평등한데 영원히 세습토록 했으니 고려 후기로 가면서 나눠줄 땅이 부족해질 정도가 되었다고 해. 사회의 불평등을 만들어버린 거지

건우 : 제가 보니까 음서제도라는 것도 있던데요? 그건 구체적으로 무언가요?

선생님 : 고려 때도 있었던 음서제(蔭敍제)는 조선시대까지 내려 와 큰 피해를 만들었어. 이 제도는 5품 이상의 귀족 자식 가운데 한 사람에게는 과거를 보지 않고도 벼슬길에 오를 수 있는 혜

택을 준 것을 말하는 거야. 귀족은 한 명 이상이 늘 신분을 유지할 수 있게 한 거지. 부와 권력의 세습이 이루어진 거니 불평등하고 불공평한 사회였어.

건우 : 그러면 귀족의 차별 때문이라고 볼 수 있겠군요.

선생님 : 그렇지 원래 문반과 무반의 양반이 있었는데 관제서열상으로는 같은 열일지라도 실제 큰 차별이 있어 무반은 천대받았고 이것이 나중에 무신의 난을 일으키게 만들었어. 계급이 낮은 귀족들은 이런 시대적 상황 때문에 혼인을 통해 지위를 향상시키려 했어. 결혼을 통해 지위와 권력, 부를 높이려는 노력은 예나 지금이나 한결같은 인간들의 욕망이지. 너도 부잣집 딸하고 결혼하고 싶니?

건우 : 절대로 아니거든요. 전 사랑 하나면 충분하거든요? ㅋㅋ 오글오글. 그러면 최고 신부나 최고 신랑은 왕자나 공주였을 것이 분명하네요.

선생님 : 맞아. 이제 건우가 책을 쓰면서 확실히 똑똑해지는 걸? 최고 대접을 받는 집안은 당연히 왕실이었지. 외척이라는 말 들었지? 왕실과 결혼해서 권력을 차지하는 이들을 말하는 거야. 안산 김씨와 경원 이씨가 대표적인 고려시대의 귀족 가문이었다더군.

하여튼 귀족들은 먹고 사는 문제에 대한 걱정이 없었고 오히려 부를 축적할 수 있도록 조정이 보장하고 있었으니 정치 사회 경제적으로 귀족의 지위는 아무도 건드릴 수 없었어. 그러나 이것도 고급관리들이나 그랬지 계급 서열이 낮은 하급관리들은 역시 살기 쉽지가 않았단다. 하급장교와 문무 양반에 들지 못하는 내료(內僚, 남반)들은 대개 고려 초기의 군소 호족 출신들이 많았는데 이들은 실제로는 지배계층과 피지배계층 사이에 끼어서 기생하는 세력이었어. 이들이 탐욕을 부린 경우 백성들은 더 괴로워졌던 거지.

토지 제도의 문란

건우 : 사회 교과서에서 본 건데 고려말에 가니까 토지 제도가 엉망이 되었다는 이야기가 있어요. 선생님 책에도 같은 이야기를 쓰신 걸 보았는데요. 토지 제도가 엉망이 된 이유가 있을까요?

선생님 : 고려 사회의 멸망은 사실상 토지제도의 운영이 실패한 탓이라고 주장하는 학자들도 있단다. 토지제도 즉, 전제(田制)가 성공하느냐 아니냐는 그것을 얼마나 정확하게 법대로 지키느냐에 달려 있는 거야.

관리들에게 봉급을 주는 대신 토지를 주어 그 소출을 받아먹도록 했기에 토지 소유로 부의 수준이 결정되었거든. 태조 왕건 이후 고려조정은 첫 번째 원칙으로 토지를 국유화했고 임금이 내리는 봉록(봉급)으로 토지가 주어져도 한 대로 제한하여 세습을 막았다. 그러나 법적 제도적으로 아무리 완벽하다 해도 밑에서 관료들이 조직적으로 저지르는 부정을 일일이 확인할 수 없는데다 고급관료들에게 세습을 허용하는 예외를 인정하면서부터 토지제도가 문란해지기 시작했지.

처음에는 왕과 그 주변의 극히 일부 척신들에게만 주어지던 토지세습의 특혜가 대를 거듭하면서 점점 받는 대상이 늘어났고 반환해야 받아야 할 토지는 들어오지 않아 토지의 사유화가 급증한 거야.

대표적인 경우가 이자겸으로, 그는 왕으로부터 식읍과 전지, 노비와 재물을 모두 받은 데다 다른 사람의 전지까지 빼앗아 자신이 독차지했어. 기록에 의하면 권문세가들은 멀쩡한 다른 서민들의 농지를 황폐한 땅으로 속여 자기의 명의로 등록하는 수법으로 땅을 늘려갔지만 힘없는 서민들은 하소연할 곳조차 없었다고 해. 요즘의 토지 사기 브로커들 수법이나 다름없었을 거야.

100년 무신정권 시대동안 고려의 토지제도는 완전히 문란해졌어. 권력층은 농지를 늘리다보니 큰 농장 수준으로 부가 늘어났다. 왕실은 권세가들에게 촌락 하나를 통째로 주기도 하고 앞 다투어 서민들의 전지를 빼앗아 들였어. 이렇게 해서 왕실에 의해 사사로이 점유된 농장이 한때 360개에 이르렀다고 하니 서민들의 어려운 삶은 말로 표현할 수도 없을 정도였어. 여기에 더 나쁜 세력이 나타났는데 사원과 승려들이었어. 국가가 지켜주는 가운데 도둑질을 해 먹었지. 사원은 막대한 노비와 땅을 차지하였고 그 결과 일개 사원이 보통 수천 결의 전지를 보유했다고 해.

통도사의 경우 부속 땅이 무려 주변 4만7천보에 이르렀다더군. 이를 관리하고 경작해야 했으니 사원에 속한 노비도 막대한 숫자로 늘어나 조선 태종시대에 혁거사라는 절의 사노비의 숫자가 8만 명에 이르렀다는 기록이 보이니 고려시대의 사원 폐해를 짐작하고도 남는 거지. 공민왕 때는 토지 점용이 극에 달해 종묘와 학교의 부속 전지에서 일반 농민의 경작지까지 거의 권력가들이 차지해버렸어.

고려 말에는 조준 등이 전제개혁안을 제안하기도 했는데 그의 개혁안은 고려 초기의 전제로 돌아가자는 것이었다. 경제정책을 기반으로 이성계는 고려 말의 혼란을 극복하고자 했다. 그 수단이 물리적인 권세가들의 제거였다. 최영 이인임 조민수 등 당대의 세도가들이 사라지자 이성계의 앞에는 더 이상 버틸 권문세가와 적들이 없어졌고 결국 고려조정은 이 씨 성을 쓰는 왕조에 의해 나라의 최후를 맞고 말았어.

결국 역사는 고려의 토지제도 잘못이라기보다는 이를 운영하는 사람들의 잘못에 있다는 것을 말해주고 있지?

건우 : 저는 땅이 없으니까 나라에 문제를 일으킬 일은 없겠네요. (웃음) 선생님 말씀을 들어보니 관리들은 다 놀면서 부자가되었고 서민들 백성들만 죽어라고 고생한 것이 고려 시대의 특징인 것 같아요. 그렇다면 고려시대를 이끌고 나간 경제의 주역이라고 해야 하나? 하여튼 고려 경제는 서민들이 만들어 온 거라고 해도 되겠네요?

선생님 : 맞았어. 그런 깨달음이 왔다니 칭찬받을 만하구나. 더 자세히 말하자면 서민이라기보다 천민이라는 표현이 더 맞을 것도 같아. 고려 경제의 주역은 하층민들의 땀과 눈물로 이루어낸 결과였기 때문이지. 고려에서 경제 활동을 하는 사람들은 대부분 평민과 천민이었어. 농사를 짓는 이도 서민이나 천민이 대부분이었지. 수공업과 상업에 종사하는 이들도 그랬고.

이들은 국가경제를 지탱하는 하부계층 이다보니 이들은 자연히 조정에 공물을 내야 했어. 게다가 역(役), 즉 군역을 담당해야 했는데 전쟁터에 나가봐야 죽거나 다치기 일쑤라 전란이 일어나면 군역을 피하여 유민이 되거나 남의 집에 잠시 들어가 종노릇하는 이들도 많았지. 이들을 통틀어 백정이라 불렀어. 백정은 그동안 도살업자를 일컫는 말로 이해되고 있지만 고려시대에선 국역의 기피자나 면제자를 일컫는 경우가 많았다고 해.

조선시대에선 천민 가운데 갓바치, 도살업자를 뜻하는 이들을 백정이라 불렀지만 고려조에선 도살 혹은 유기(柳器) 제조업자였던 화척과, 예능으로 밥을 먹고 사는 재인(才人)들을 모두 천민에 넣어 국역을 지지 않도록 했으니, 이들도 역시 백정이라 불렀어. 그런데 조정은 이들을 국가의 호적에 올리지도 않음으로써 법적으로 매매와 상속, 증여가 가능토록 했으니 말도 안 되는 짓을 한 거지.

이런 화척이나 재인말고도 벌을 받아 천민계급으로 떨어진 사람들과 향 소 부곡(鄕 所 部曲)의 농민들도 있었어. 향, 부곡에 거주하는 이들은 행정구역에 편입되지 못한 특수지역의 농업종사자들이었으며 소(所)의 주민들은 금이나 은, 동과 철, 종이, 먹, 도자기 등의 수공업자들로 이들은 모두 사회적으로는 천대를 받았지만 사실 고려 경제를 이끈 주역이었지.

한편 노비농민 가운데는 같은 노비일지라도 독립적으로 생계를 꾸릴 수 있었던 외거노비(밖에서 사는 노비)와 종처럼 데리고 사는 솔거노비(사노비)가 있어 사회적 대접이 달랐다고 해. 천민(노비)들 가운데 진척(津尺)이라 부르는 집단도 있었는데 이들은 배를 젓는 사공들이었으며 사원에 속한 노비들을 사사(寺社)노비라 불렀단다.

견우 : 노비 가운데도 급이 다른 것이 있었네요.

팔만대장경이 정말 적들을 물리칠 수 있다고 믿었을까?

건우 : 선생님 정말 궁금한 것이 있는데요 고려 사람들은 정말 팔만대장경을 만들면 몽골군이 물러 갈 거라고 생각한 것일까요? 그 전쟁의 고통 속에서도 팔만대장경을 만든 것이 위대하게 느껴지기도 하지만 이해가 되지 않는 것도 사실이거든요.

선생님 : 중요한 질문이야. 사실 신앙적인 믿음은 과학적으로나 합리적으로 설명하는 것이 불가능하다고 생각해. 물론 세계를 정복한 강력한 몽골군대에 대항하기 위한 수단으로, 고려인들이 단순히 책으로 된 팔만대장경을 만들어 적을 물리칠 수 있으리라고 생각했다는 것은 쉽게 이해하기 어려운 부분이 있어.

하지만 이 점은 그 당시로 돌아가 봐야 정확하게 이해할 수 있을 거야. 먼저 고려시대 사람들은 불교를 가슴 깊숙이 받아들이고 있었다고 봐야 해. 신앙을 위해 목숨을 거는 일은 당시로서는 드문 일이 아니었어. 교과서에서 이차돈의 순교를 읽은 적이 있지? 그만큼 불교가 생활 깊숙이 파고들어 있었다는 점을 생각해 봐야 해.

건우 : 그럼 고려 왕들이나 지도부조차도 모두 철저하게 불교에 깊이 빠져 있었다는 것으로 봐야겠네요.

선생님 : 그렇지. 왕과 고급 관리들이 백성에게 미치는 영향력을 생각해 보라구. 이건 대단히 중요한 문제거든. 고려 지도층은 태조 왕건으로부터 철저히 불교의 윤회적 내세관과 현실적인 인과응보를 믿었던 것으로 보여. 죽으면 다른 세계가 있다고 믿었고 자신이 저지른 죄과에 대해 벌을 받는다고 믿었지. 그리고 나라나 가정이 불교를 섬기면서 고통이나 어려움이 오지 않도록 기도한 기록들이 곳곳에 남아 있단다.

특히 고려 사람들은 적들의 침입을 물리치기 위해 제석도 나한도 마리지천도 같은 불화를 그리게 해서 집이나 사찰에 걸어놓고 이를 보고 빌었대.

고려시대 전기에 사람들은 특히 지장보살에 대해 열광적인 믿음을 가졌는데 그것은 지장보살의 힘을 믿었기 때문이야. 지장보살은 석가여래의 사후 미륵불이 다시 나타나기 전에 난세에 빠졌을 때 사람들을 구제해준다고 믿었던 거지. 또 마리지천을 믿었는데 이것은 마리지천이 팔이 많고 얼굴이 여러 개이며 무서운 형상을 하고 있어 감히 적들이 쳐들어오지 못할 것이라고 생각했다는 것이야.

또 다른 학설을 보면 어떤 이들은 고려 시대에 종말 사상이 널리 퍼져 있었다는 주장을 하기도 해. 일종의 역사순환론이지. 나라의 역사가 7백년을 소주기로, 3천6백년을 대주기로 순환하는데 단군시대부터 고려말에 이르면 종말을 맞게 된다고 본 거야. 그러니 신앙이 아니면 몽골군과의 수많은 전쟁을 맨 정신으로 이겨내기가 쉽지 않았겠지?

건우 : 그런데 제가 선생님이 주신 자료와 인터넷 자료 등을 찾아보니까 무신정권이 불교를 이용했다는 비판도 있는 것 같았어요. 불교를 자기들 권세를 이어가는 수단으로 삼은 것 아닌가 그런 생각도 할 수 있지 않을까요?

선생님 : 그런 이야기도 없지 않은 것 같아. 최우 같은 무신정권 지도부가 백성들의 불평과 불만을 누그러뜨리고 자신들이 정치를 잘못 해 나라가 이 모양이 되었다는 비난을 받지 않으려고 불교의 힘을 빌리려 했다는 거지.

하지만 일반적으로는 고려 지도부가 몽골군을 물리치기 위해 부처의 힘에 의존하려고 결심했다고 보는 거지. 왜냐 하면 그 전에 현종 시절 초조대장경을 제작하기 시작했을 때 거란군이 개경을 점령하고서도 고려군의 저항 때문에 피해가 심해 스스로 물러간 적이 있었는데 고려 사람들은 이것을 부처의 힘 때문이라고 믿었단 말이지. 그래서 성심껏 대장경을 만들면 몽골군도 스스로 물러갈 것이라고 생각했던 것 같아.

이규보가 쓴 동국이상국집의 〈대장각판군신기고문(大藏刻板君臣祈告文)〉을 보면 당시 고려 사람들의 마음이 그대로 적혀 있어.

"나라와 집을 가지면서 불법을 숭상해온 우리들로서는 없어진 대장경을 다시 만드는 일에 주저하고만 있을 수는 없습니다. 귀중한 보물을 잃어 버렸는데 어찌 공사가 거창할 것을 두려워하여 망설이겠습니까? 이제 여러 문무백관들과 더불어 큰 소원을 세우고 관청으로 대장도감을 두고 이를 중심으로 공사를 시작하고자 하옵니다.

처음 대장경을 새기게 된 연유를 살펴보면 현종 2년에 거란병이 대거 침입하여 난을 피해 남쪽으로 가셨으나 거란병이 송도에 머물러 물러가지 않으므로 임금과 신하가 합심하여 큰 원을 세우고 대장경을 새기기 시작했더니 놀랍게도 거란병이 스스로 물러갔습니다. 생각컨데 오직 대장경은 예나 지금이나 하나이며 판각하는 것도 다를 바 없고 임금과 신하가 합심하여 발원함도 또한 마찬가지이니 어찌 그 때에만 거란병이 물러가고 지금의 몽골병은 물러가지 않겠습니까? 다만 모든 부처님과 하늘의 보살피심이 한결같으시기를 바랄 뿐입니다.

이제 지성을 다하여 대장경판을 다시 새기는 바는 그때의 정성에 비하여 조금도 부끄러움이 없으니 모든 부처님과 성현 및 삽심삼천께서 이 간절한 기원을 들으시고 신통의 힘을 내리시어 저 오랑캐 무리들의 발자취를 거두어 멀리 달아나 다시는 이 강토를 짓밟지 못하게 하옵소서. 그리하여 나라 안팎이 모두 편안하고 모후와 태자가 만수무강하시며 나라의 운이 영원무궁케 하소서. 우리 중생들은 마땅히 더욱 노력하여 불법을 지키어 부처님 은혜의 만

분의 하나라도 갚고자 할 따름입니다. 이와 같이 우리 중생들은
업드려 비옵나니 굽어 살피옵소서."

견우 : 고려 사람들이 정말 불심이 깊었다는 것을 알겠네요.

3부

몽골 항쟁의
현장을 찾아서

몽골 항쟁의 현장을 찾아서

정리 : 강건우, 강창우

    고려 사람들이 몽골과 전쟁하면서 많은 일을 겪었을 텐데 이상하게
도 유물이나 유적은 생각만큼 찾을 수 없었다. 선생님이 가르쳐 주신
방법을 이용해 먼저 인터넷으로 검색하고 국회도서관을 찾아 갔다.
그리고 아직도 남아 있다고 전해지는 중요한 유적지를 찾아보기로 했
다. 결론을 말하자면 너무 실망이 컸다. 남은 유적도 거의 없고 유물
은 찾아볼 수도 없었다. 다음에 쓴 글은 나 같은 고등학생이나 중학생
이 같은 생각을 갖고 내가 다녀 본 곳들을 찾으려 할 때 도움을 받게
하고 싶어 쓴 것이다.

I. 기획의 시작

- 2012년 7월부터 준비해온 책 출판 작업을 본격적으로
  할려고 박기현 선생님을 졸라 거우 승락을 얻었다. 그
  리고 기획회의를 몇 차례 구체적으로 시작했다.
- 국회도서관에서 그동안 찾아 왔던 자료들을 열람 복
  사하고 출력했다.

  찾아 가 볼 곳 : 고려 왕릉, 왕릉비, 고려 궁지, 인천 시립
박물관, 용인 MBC 드라미아, 책을 쓰기 전에 가졌던 의문점
들을 노트에 정리해 보라고 하셔서 적어보았더니 정말 많
은 질문거리가 있다는 걸 알았다.

- 1232년 6월16일 천도 결정은 왜?
- 무신 정권은 왜 강화도로 수도를 옮긴 것일까?
- 몽골은 어떤 나라였을까?
- 몽골의 과거와 현재는?
- 몽골에 가는 방법과 관광 정보는?
- 징기스칸은 어떤 인물이었을까?
- 몽골은 원래 물에서 싸움을 잘 못했을까?

- 고려시대는 어떤 법이 있었을까?
- 몽골과 고려는 얼마나 오랫동안 전쟁을 했을까?
- 고려는 왜 무신들이 정권을 잡았을까?
- 고려 고종은 어떤 임금이었을까?
- 강화도는 어떤 섬일까?
- 강화도의 입지 조건은?
- 고려 수군은 정말 강했을까?
- 강화도 사람은 어떤 특징을 가졌을까?
- 강화도의 성의 규모는?
- 강화도의 궁궐 규모는?
- 고려궁지의 흔적은?
- 항몽 전쟁을 주도한 사람은 의병이었다는 이야기가 맞는 이야기?
- 삼별초가 고려 재건을 꿈꾸었을까?
- 교정도감이란 어떤 기구일까?
- 무신 정권의 몰락 이유는?
- 고려는 왜 쇠약해졌을까?
- 고려의 뱃길은?
- 팔만 대장경을 강화에서 만들었다는데 그 이유는?

• 고려 사람들은 팔만대장경으로 정말 몽골을 이길수 있다고 믿었을까?

• 고려와 송나라는 어떤 관계였을까?

• 고려가 몽골과 연합군을 만든 것이 사실일까?

• 몽골은 왜 일본을 이기지 못한 것일까?

국회도서관에서 찾은 논문

- 김기덕 2009 「강도 궁궐 입지와 개경 궁궐 풍수비교, 강화 고려궁지 학술 조사 학술 발표 자료집」

- 김창현 2003 [강화 왕도 경영]

- [신편 강화사] (강화군 군사 편찬 위원회)

- 「고려사 뒤지기」, 24권, 고려 고종 46년도

- 윤용혁 2에 [고려 삼별초의 항전과 진도]

- 양혜경 1992 [고려 무신과 최씨 정권 연구]

- 이정신 1996 [고려 무신정권기의 교정 도감]

준비물 : 파일, 보관용 쇼핑백, 필기도구, 취재 노트, 포스트잇, 카메라, 스마트폰, 카메라 충전기, 4기가 USB(모든 자료 백업용) 선생님 주머니 사정을 생각해서 왔다갔다 하는 경비와 밥값은 엄마가 대기로 했다.

몽골 항쟁의 현장을 찾아서

국회도서관

    – 2012년 10월 20일 토요일~2013년 1월 5일까지 토요일과 방학을 맞아서 4번 국회도서관을 찾아 감.

열람 대상

- 누구나 갈 수 있지만 고등학생은 가기 어려운 곳
- 전직 현직 국회의원 및 국회 소속 공무원
- 평생열람증 및 명예열람증 소지자

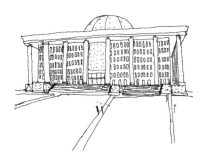

- 대학생 또는 18세 이상인 자
- 중·고등학생 중 소속 학교의 학

교장 또는 사서교사 또는 도서업무 담당 교직원의 추천을 받은 자

- 12세 이상 17세 이하의 비재학 청소년 중 선출직 공직자(국회의원, 교육감, 교육위원, 광역자치단체장, 광역의회의원, 기초자치단체장, 기초의회의원) 또는 공공도서관장 또는 기초행정구역의 책임자(구청장, 동장, 읍장, 면장)의 추천을 받은 자라고 정해져 있었다. 무슨 말인지 이해하기 어려웠다. 그런데 비재학이라는 말부터가 너무 어려웠다. 왜 이렇게 한자말을 계속 써서 사람을 어렵게 하는지가 알 수가 없었다.
- 기타 도서관 소장자료가 필요하다고 국회도서관장이 인정한 자
- 외국인의 경우 여권 또는 외국인등록증 소지자

개방 시간

월요일 ~ 금요일 : 오전9시~오후10시

(야간이용시간 : 오후6시~오후10시)

토요일 ~ 일요일 : 오전9시~오후 5시

휴관일

매월 둘째, 넷째 토요일 (이 점을 잘 보고 가야 한다. 학생들은 주말이나 방학이 아니면 갈 수 없는데 토요일에 가려면 쉬는 날을 미리 알

아보고 가도록 권한다) – 그런데 왜 도서관이 일요일날 쉬는 거지?

일요일을 제외한 공휴일 (공휴일과 겹친 토요일·일요일 휴관)

순환 버스 운영

국회도서관을 방문할 때 대중교통을 이용하여 주시기 바란다고 써 있었는데 국회와 여의도 전철역을 왕래하는 국회순환버스를 이용할 수 있어서 그렇게 하라는 이야기였다. 그런데 선생님이랑 국회도서관에 가 보니까 주차를 국회에서 한참 떨어진 곳에다 하게 하고 게다가 두 시간이 지나면 주차비를 받으니까 왔다갔다 하고 나면 주차돈이 늘어나서 속상했다.

순환버스 이용관련
〈운영시간〉

월~금요일 : 09:00~16:00 (12:20, 12:40 중식시간)

　　　　　　　매월 토요일, 일요일 및 법정공휴일 운휴

초저상버스 운행시간 : 09:00, 11:40, 13:20, 15:40

(초저상은 또 무슨 말인지… 나중에 선생님께 여쭸더니 버스 바닥이 아주 낮아서 장애인들도 쉽게 탈 수 있게 만든 버스란다).

〈배차시간〉

매시 00분, 20분, 40분 국회의사당 면회실에서 출발

(여의도역까지 7분가량 소요)

버스노선

국회의사당(면회실) → 국회도서관앞(야외공연장) → 의원회관앞
→ 5호선 여의도역 3번출구 앞 승차 → 국회도서관앞 (야외공연장)

도보

－ 5호선여의도역 4번 출구에서 왼쪽으로 여의도공원 지나 국회의
사당 방향으로 16분 소요

※ 단 9호선 이용하는 학생은 국회 의사당역 1번 출구에서 횡단보
도를 건너 오른쪽으로 1분 걸린다는데 걸어보니 출입 게이트까지만 1
분이다. 도서관 들어가는데 훨씬 더 걸어야 한다.

주차 안내

엄마 아빠를 따라 차를 타고 오는 사람들은 주의할 필요가 있다. 국
회교통체계 개편에 따라 국회 경내에는 공무차량과 장애인 등 보호대
상 차량에 한하여 주차할 수 있으며 국회참관 및 내방객 차량(버스포

함)은 국회둔치주차장을 이용하시기 바란다고 홈페이지에 주의사항이 적혀 있다. 하지만 한 번은 선생님과 같이 들어갔는데 "어디를 가십니까?" "국회도서관이요!" 하니 경찰이 막지 않고 들여보내 주었다. 아마도 주차 공간이 있으면 들여보내 주는 것 같기도 했다.

운행시간 : 09:20~18:00(의원회관에서 매시간 10분 간격 출발)
※ 점심시간 운휴 : 12:00~13:00까지

– 퇴근시간 : 18:00~19:30(의원회관에서 매시간 5분 간격 출발)
– 야간시간 : 20:00~24:00(의원회관에서 매시간 30분 간격 출발)
그런데 사실은 한 번도 못타봤다. 홈페이지에 있는 대로 쓴 것임.

운행경로
둔치주차장 → 의원회관(안내실) → 국기게양대 → 도서관 직원출입구 → 방문자 센터(필요시) → 한강 둔치주차장

건우 창우 생각 : 국회 도서관에 처음 갔을 때 참 크다고 생각했다. 집 근처 도서관은 그렇게 크지 않은데 국회 도서관은 보통 도서관의 2~3배인 데다가 시설 장비 서적량이 일반도서관 보다 훨씬 많기 때

문이다. 다만 대출이 안 되는 점과 중 고등학생은 출입하려면 학교장 추천을 받아 와야 한다며 오늘만 들여보내 준다면 계속 들여보내 주는 것이 불편하게 느껴졌다. 국회도서관은 중고생은 이용하지 말라는 것처럼 들렸다. 웃기는 것은 들어가보니 초등학생이 들락거리는 어린이 도서관은 준비돼 있었다는 것이다. 이 무슨 불공평한 대접인지.

인천 시립 박물관
2012년 10월 27일 토요일 방문

개관 09:00 ~ 폐관 18:00시 까지이다. 입장 및 매표는 폐관 30분 전까지 가능하다.

가는 날이 비오는 날… 춥고 배고프고 비에 축축히 다 젖어버렸다.

휴일은 매주 월요일(단, 월요일이 공휴일인 경우 제외), 공휴일 다음날, 1월 1일이다.

관람요금

성인 : 400원(개인) 200원(단체)

군인 : 200원(개인) 100원(단체)

노인(65세 이상) : 무료

어린이 · 청소년 : 무료 18세 이하

매일 오전 10시 ~ 오후 5시(오후1시~2시 점심시간 제외)에 유물에 대한 자세한 설명을 자원봉사자에게 들으실 수 있습니다. 유물해설을 원하면 안내데스크에 이야기하면 도움을 받을 수 있다. 그런데 안내해설사 선생님은 상당히 상세하게 설명을 해 준 것으로 기억된다.

찾아 가는 길

〈시내버스〉

- 시내버스 6번, 6-1번,8번, 65-1번 이용 축현초등학교 하차후 도보 5분
- 시내버스 16번 이용 송도유원지 하차후 도보 10분
- 인천국제공항버스 111-2번 이용 송도유원지 하차후 도보 10분

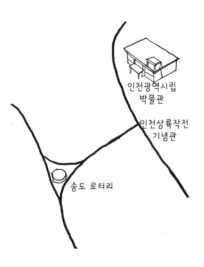

〈지하철〉

- 인천지하철 1호선 동막역 하차후 시내버스 6-1번, 8번, 908번 이용 송도유원지 하차후 도보 10분
- 지하철 1호선 주안역 하차후 시내버스 65-1번 이용 축현초등학교 하차후 도보 5분

강화도 전쟁을 나타낸 전시 장면

- 강화의 수비기능 : 물길(광성보) 너무 쎄다.
- 둔, 진, 보에 대한 기능
- 강화 행궁, 유수부, 외규장각, 정족산 사고, 진 보 돈대, 강화 산성, 외성, 문수산성, 정족 산성

건우·창우 생각

인천 시립 박물관을 찾아 간 이유는 강화도가 인천광역시에 속해 있기 때문이었다. 또 다른 이유는 강화도의 대몽항쟁의 흔적을 거기서 찾을 수 있을까 해서 가봤지만 대몽 항쟁에 대한 자료가 거의 없어서 아쉬웠다. 하지만 돈 진 보에 대한 설명을 들을 수 있어서 좋았다.

드라마 무신의 현장을 찾아서

2012년 11월 10일 토요일

장소 : 용인 MBC 드라미아

연락처 : 031-323-0624

드라마 현장의 장단점

장점 : 옛날 배경을 볼 수 있었다.

단점 : 시대적 배경과 건물 양식이 맞지 않다.

드라마 촬영지 입지 조건

• 비행기의 동선이 없어야 됨

고려의 유적지가 없는 이유

• 수많은 전쟁으로 많은 유적지가 타거나 파괴 됨.

〈감상〉

드라마 촬영지는 각시탈을 찍은 선비마을 밖에 안가 봤는데 이번에 용인 MBC 드라미아를 갔는데 주변이 시골이어서 그런지 소똥 냄새가 좀 심했다. 그래도 옛 시대의 건축물을 본다는 게 기분이 좋았다. 또 이번에 운이 좋았는지 드라마 마의 촬영 현장을 봐서 좋았지만 주인공들 배우는 못 봐서 아쉬웠다. 엑스트라만 가득. ㅎㅎ 홈페이지 들어가서 길 찾기를 봤는데 뭐가 뭔 소리 인지모르겠다.

전쟁기념관

2012년 11월 17일 토요일

연락처 : 02-709-3139

전쟁 기념관의 고려 푸대접이 신경 쓰였다.

고려 항몽 전쟁에 대해서 볼게 너무 없었다.

찾아오는 길

〈자가용〉

- 한강대교에서 오시는 경우 서울역방면으로 오셔서 삼각지역 사거리를 지나서 북문으로 진입

- 서울역에서 오시는 경우 한강대교방면으로 오셔서 삼각지역 사거리에서 좌회전 후 70m 전방에서 서문으로

- 이태원방면에서 오시는 경우 삼각지역 사거리 방향으로 오시다가 동문으로 진입

- 마포(공덕역)에서 오시는 경우 삼각지 고가차도를 넘어 삼각지역 사거리에서 직진 후 70m 전방에서 좌회전하여 서문으로 진입

〈지하철〉

- 6호선 삼각지역 11번, 12번 출구 (도보 3분)

- 4호선 삼각지역 1번 출구 (도보 5분)
  1호선 남영역 1번출구 (도보 10분)

〈버스〉

마을버스 – 용산03

간선버스 전쟁기념관 정류소 – 110A, 110B, 740,421

삼각지역 – 421, 149, 150, 151, 152, 500, 501, 504, 605, 750B,
　　　　　751, 752, 502, 506, 507, 750A

공항버스 삼각지역 – 6001

　건우 채환의 생각 : 그래도 전쟁박물관인데 고려가 세계적인 강국 몽골과 싸운 자랑스러운 역사를 아예 무시하고 푸대접하다니… 쩝 도대체 전쟁박물관은 한국전쟁 말고는 이야기할 게 없나보다. 선생님도 좀 심하다는 표정…

국립 중앙 박물관

2012년 11월 17일 토요일 방문

연락처 : 02-2077-9000

　국립중앙박물관 연중 휴관일은 1월 1일과 매주 월요일.

　다녀보니까 휴관 하는 날을 잘 알지 못하면 애써서 갔다가 허탕치는 일이 많을 것 같다. (단, 월요일이 공휴일일 때에는 공휴일 다음의 첫 번째 평일[「관공서의 공휴일에 관한 규정」제2조])

　6세 이하 어린이는 보호자를 동반하여야 함.

관람시간

화 목 금요일 : 09:00~18:00

수 토요일 : 09:00~21:00

일요일/공휴일 : 09:00~19:00

야간 개장시간 : 매주 수 토요일 18:00 ~ 21:00 (3시간 연장)

단, 어린이박물관은 매월 마지막 주 수요일만 야간개장 (18:00 이후는 당일 선착순 입장, 18:00/19:30 200명씩 2회 차)

관람료 : 무료

중앙 박물관을 들어갈 때 주의점

• 상설 전시는 무료지만 기획 특별 전시는 돈을 받는다.
• 대여시 신분증이 필요하다.(신분증이 없는 어린이의 경우, 보호자의 신분증으로도 대여가 가능하다. 무슨 대여인가 했더니 설명을 들을 수 있는 이어폰 같은 장비다)
• 대여료 : 영상안내기(PMP) – 3,000원
　　　　　 음성안내기(MP3) – 1,000원
• 대여신청 : 관람전날까지 인터넷 예매

대상 : 상설전시관, 어린이박물관, 무료기획전시(단, 유료 특별 · 기획전시 제외) 단, 유료로 진행되는 기획전시와 어린이박물관은 관람권을 받아 입장하셔야 함.

관람권 받는 곳

어린이박물관 : 어린이박물관 앞 안내데스크

기획전시 : 기획전시실 앞 매표소(유료에 한함)

관람권 발권시간 : 관람 종료 1시간 전까지

상설전시관은 관람권 없이 바로 입장한다.

어린이박물관 예약관람객의 경우 예약증으로 입장 가능 함.

찾아 가는 길

• 4호선 / 중앙선(덕소-용산)

: 이촌역2번출구 ↔ 박물관 서문

• 4호선 / 중앙선(덕소-용산)

: 이촌역 1번출구 엘리베이터 ↔ 보도 ↔ 박물관 서문

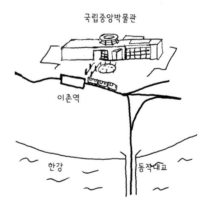

1호선 : 용산역 하차 → 중앙선 환승 → 이촌역 하차

3호선 : 옥수역 하차 → 중앙선 환승 → 이촌역 하차

6호선 : 삼각지역 환승 → 이촌역 하차

7호선 : 총신대입구(이수)역 환승 → 이촌역 하차

9호선 : 동작역 환승 → 이촌역 하차

건우 · 창우 생각

고려의 역사에 대한 푸대접

국립 중앙 박물관에 가서 본 항몽전쟁 관련 물품은 팔만대장경판, 딸을 공녀로 바친 왕족 부인 수령옹주의 묘지명, 고려 후기의 문신이자 유학자인 이제현의 초상화 밖에 없었다. 그래도 몽골의 침략을 받은 국가 중에서 나라가 망하지 않고 살아남은 전쟁인데 항몽 전쟁에 대한 연구가 너무 부족한 것 같다. 또 교과서에서도 항몽 전쟁의 내용은 한 두 페이지로 밖에 안 나온다. 물론 전쟁으로 자료가 불 타 부족할 수도 있지만 너무 연구가 부족하다고 생각 되는 것은 어쩔 수 없나보다.

아 참. 고려청자 이야기는 많았다. 특별전시도 하고 있었다. 그래도 그렇지 전쟁역사를 너무 푸대접하다니…

강화도를 다녀와서
2012년 12월 이일 토요일

선생님을 졸라 강화도까지 가서 처음 가 본 곳은 강화 고려 궁지이다. 그런데 가서 보고는 너무 실망했다. 터는 복원 하다 말았는지 이것 저곳 파져 있기만 하고 관리도 안한 것처럼 너저분했다. 선생님은 예산 문제라서 강화군 홀로 어떻게 할 수 있는 일이 아니라고 하셨다. 그럼 국가가 나서야 하는 일인데 예산이 없어 못한다니...

그래도 조선 유적인 강화 동종과 강화 유수부, 외규장각을 볼 수 있어서 나름 만족했다.

두 번째로 간곳은 고려 유적은 아니지만 철종이 머물렀던 용흥궁을 갔다. 지금 그 곳은 전통 다도 예절 교육관으로 쓰고 있었는데 내가 갔을 때는 아무것도 하지 않아서 아쉬웠다.

세 번째로 간 곳은 고려 향교이다. 고려 인종 5년에 만든 것이라 했으나 문이 닫혀있어 들어가지 못했다. 왜 문을 닫았는지 언제 볼 수 있는지 아무 설명도 없었다. 문화유적지를 찾을 때마다 너무 불친절한 안내판에 질려버렸다.

네 번째는 강화 산성이다. 고종 19년에 지은 것으로 강화로 도읍을 옮길 때 궁궐과 함께 지은 것이다 지금은 부분 부분 남아 있지만 볼만

했다.

　다섯 번째는 강화 역사 박물관이다. 강화도 역사에 대해 설명이 되어 있고 항몽 전쟁에 대해 볼 수도 있으며 고인돌도 있다.

　여섯 번째로 간곳은 고려 고종묘다. 드라마 '무신'을 보며 고종이 참 안타까운 인물이라는 생각이 들곤 했다. 고종의 묘는 너무 높은 곳에 자리잡아 있었다. 같이 간 선생님은 고종의 무덤이 바라보는 방향이 육지쪽을 바라보도록 만들었다는 생각이 든다고 했다. 원나라와의 전쟁을 수도 없이 겪다가 쓸쓸하게 죽은 것이 마음이 착잡했다.

　홍릉에 대한 건우 창우의 짧은 생각

　홍릉 밑에 청소년수련관이 있어서 좀 그랬지만 그래도 볼만은 했다. 너무 높은 데다 눈이 많이 쌓여서 걸어올라가는데 미끄럽고 너무 힘들었다. 가 보니까 근데 왕의 무덤 답지 않게 초라했다 그리고 강화도가 한눈에 보이게 맨 꼭대기에 있었는데 풍경은 볼만 했다.

고려 고종의 삶과 죽음

위키피디아판을 찾아보니 고종에 대한 기록이 생각보다 많아 도움이 되었다.

고종(高宗, 1192년 ~ 1259년) :

고려 제23대 황제(재위: 1213년~1259년)이다. 자는 천우(天祐), 시호는 고종충헌안효대왕(高宗忠憲安孝大王). 강종과 원덕태후(元德太后) 유씨(柳氏)의 맏아들이다. 비(妃)는 희종의 딸 안혜태후(安惠太后) 유씨(柳氏)이다. 몽골에서 내린 시호는 충헌왕(忠憲王)이다.

1213년부터 1259년까지 재위하는 동안 실권을 갖지 못하였으며 1213년부터 1219년까지 최충헌이 실권을 맡았고 1219년부터 1249년까지 최이가 실권을 맡았으며 1249년부터 1257년까지 최항이 실권을 맡았고 1257년부터 1258년까지 최의가 실권을 맡았으며 1258년부터 1259년까지 김준(金俊)이 실권을 맡았다.

치세

1212년(강종 1년)에 태자에 책봉되고, 이듬해 강종의 뒤를 이어 왕위에 올랐다. 최씨 일가의 무단(武斷)정치로 실권을 잡지 못하였으며, 1258년 최의가 살해되자 김준이 실권을 맡았다.

재위 기간에 몽골족 등 북방 민족의 침입으로 고통을 받았다.

1218년 거란의 침공을 받고 이를 격퇴하면서 몽골의 침입에 대하여는 협약을 맺었다(→강동성 전투). 1225년 몽골 사신 제구유(著古與)가 귀국 도중 도적에게 피살된 것을 구실로 하여 재침하자 강화조약을 체결하였다. 각지에 몽골의 다루가치(達魯花赤 : 행정 감독관) 72인을 두게 하고, 또 약간의 수비군을 주둔케 했다.

특히 1231년부터 여러 차례에 걸쳐 몽골의 침입을 받고 1232년 강화도(江華)에 천도하여(→강화천도), 28년간 몽골에 항쟁하였다. 왕의 친조와 태자 왕전의 볼모를 조건으로 강화가 성립되어, 이후 고려는 사실상 원나라의 속국으로서 공민왕 때까지 굴욕을 겪었다.

1235년 제3차 침입을 받고, 1238년 경주 황룡사(皇龍寺) 9층목탑을 소각당한 외에도 귀중한 문화재를 많이 잃었다. 1252년 제6차의 침입을 받았을 때는 남녀 무려 약 2십만 6천 8백 명의 포로를 내고, 태자(太子)의 입조를 약속하였다. 이로써 고려는 사실상 몽골에 굴복했다. 1258년 동북 지방에 쳐들어 온 몽골군에게 조휘와 탁청이 투항하면서 철령 이북 지역이 몽골의 쌍성총관부의 지배하에 놓이게 되었다.

문화 발전에 힘써, 팔만대장경을 간행케 하고, 유학을 장려하는 등 문화적 업적을 남겼다. 특히 팔만대장경은 원나라의 침략을 부처의 힘으로 격퇴하기 위하여 간행하였다. 능은 강화의 홍릉(洪陵)이다

몽골 항쟁과 관련한 인물 조사 이야기

최우 (?~1249)

무신정권의 최고 지도자. 1219년 추밀원부사로 아버지 최충헌의 뒤를 이어 집권했다. 1225년 정방을 설치하여 인사권을 장악했고 도방을 확장했다. 고려 고종의 정치적 권한을 대행하면서 무신정권을 리드하고 몽골과의 전쟁을 선언했다. 몽골 사신이 1차 침입 후 많은 금품을 요구하자 이를 받아들일 수 없다고 판단하여 항몽을 선언했다. 북방 경계선의 여러 성과 개경(개성)의 황라성(隍羅城)을 수축하여 몽골의 침입에 대비했다.

몽골의 2차 침입 때 강화도로 수도를 옮겨 갔다. 그는 1243년(고종 30) 무신전란을 겪는 가운데 파괴된 국자감을 수축하고 양현고에 쌀 3백 곡을 양현고에 내놓아서 백성들을 돕기도 했다. 강화에서 대장경판을 만드는 데 개인의 재산까지 내놓았으며 대장경판(大藏經版)을 다시 완성하게 하였으나 자신의 집을 궁궐처럼 꾸미고 사치를 즐기기도 백성의 원망을 샀다. 육지에선 몽골군의 침입으로 죽어가는데 그는 부와 권력을 즐기고 살았다. 1249년초 최우는 몽골과의 전쟁을 준비하다가 그해 갑자기 사망했다.

최항 (?~1257)

최우의 아들로 창기 소생이라고 알려져 있다. 고려 무신 시대 지도자. 승려 생활을 하다가 환속하여 1249년 아버지가 죽자 정권을 이어받았는데 시기심이 많고 의심이 많아 주변의 실력자들을 유배보내고 죽였다. 점차 사치와 향락에 젖어들었다. 몽골과 항쟁하는 중에 강화도에서 나오기를 강력하게 원하여 신하들이 모두 이를 받아들이려 하자 홀로 이를 거부하고 국왕의 사신 접견을 강력히 반대했고 김준과 알력이 생겨 갈등을 빚다가 죽었다.

김준 (?~1268)

최우의 신임을 얻어 무신정권의 최고 지도자로 올라섰다. 최우의 수하로서 별장으로 최항을 섬겼으나 최항과 지도력을 놓고 갈등을 빚었고 최항의 사후 최의와도 호흡을 맞추지 못했다. 1258년(고종45) 유경, 박송비, 최온 등과 함께 야별초를 앞세워 최의의 집을 급습, 그를 살해함으로써 최 씨의 60년 무단정치를 타도하고 왕권을 회복시키는 공을 세웠다.

이제현 (1287 ~ 1367)

〈효행록〉〈익재집〉〈역옹패설〉〈익재난고〉 등을 쓴 고려 후기 최고의 문신이자 학자. 1301년(충렬왕 27) 성균시에 장원하고 이어 문과에 급제했다. 1314년 원나라에 가서 조맹부 등과 고전을 연구해 이름을 널리 알렸다.

1362년 홍건적의 침입 때 왕을 청주로 호종, 계림부원군에 봉해졌으며 당대의 명문장가로 충신으로 이름을 알렸다.

이규보 (1168 ~ 1241)

〈동국이상국집〉〈백운소설〉의 저자이자 시인, 학자이며 고려 후기 무신시대 정치가.

몽골군의 침입을 명문장을 써서 보낸 진정표(陳情表)로써 격퇴했다. 시 술 거문고를 즐겨했으나 정치에 깊이 관여하고 권세를 즐겼다는 비판도 있으나 명문장가로 후세에 길이 이름을 남겼다.

배중손 (?~1271)

강화 길상면 출신. 무신정권의 지도자 최우가 고려 안에 도둑이 늘어나자 건장한 사내들을 모아 밤 순찰을 도는 야별초(夜別抄)를 조직했고 이를 강화하기 위해 좌우(左右)별초로 나눈 것이 삼별초로 발전해 갔다.

강화를 버리고 몽골과 타협하는 원종을 못마땅하게 여기고 삼별초 군을 지휘하여 항몽전쟁을 계속했다. 여몽연합군과의 치열한 전투에서 배중손 군대는 용감히 싸운 끝에 끝내 무너지고 이 전투에서 배중손장군 역시 전사했다.

김방경 (1212~1300)

신라 경순왕의 후손으로 몽골의 침입을 받자 고종 35년(1248) 서북면 병마판관이 되어 위도(韋島)로 들어갔다. 거기서 물길을 막기 위하여 제방을 쌓고 10여 리에 이르는 평탄한 농사에 이용하여 상당한 수확을 거두게 했다. 또 빗물을 모아 못을 만들어 우물이 없는 불편을 덜었다.

삼별초의 난을 평정했으나 일본 정벌에서는 태풍을 만나 실패했다. 모함을 받아 고초를 받고 참혹한 고문도 겪었다.

강화문화원에 따르면 "강도지(江都誌)에 의하면 김방경 원수(元帥)가 강화 온수리에 우거(愚居)하였다고 하여, 후세 사람들이 그곳을 '원수골'이라고 불렀던 것이 오래 세월이 지나면서 와전되어 '온수골'이 되었다."고 했다.

김통정 (?~1273)

강화 교동 태생으로 삼별초(三別抄)의 장수였다. 배중손과 함께 원종의 개성 환도를 반대하여 삼별초의 반란을 일으켰다. 원종의 6촌 형이었던 '승화후(承化侯)' 온(溫)을 왕으로 추대하고 끝까지 싸우며 결사 항전했다.

배 천여 척에 무기와 가족 및 백성들을 싣고 남하하여 진도에 자리 잡고 진을 치며 싸웠으나 배중손의 전사로 고전했고 다시 군사와 백성을 이끌고 제주도로 옮겨서 전열을 재정비하고 싸웠다. 그러나 연합군에 의해 패퇴했다.

원종 (1219 ~ 1274)

고종의 맏아들. 왕비는 김약선의 딸 순경태후(順敬太后)다. 1235년 (고종 22) 태자에 책봉되었고 원나라와의 화해를 주장한 인물이다. 1259년 강화를 요청코자 몽골에 들어 갔다가 고종이 죽자 1260년 귀국해 왕이 되었고 왕권을 강화하기 시작했다. 몽골과 화의를 맺고 개경 환도를 선언하자 배중손을 중심으로 삼별초의 항쟁이 일어났으며 이를 정치적으로 군사적으로 탄압하고 평정했다. 일본을 치기 위한 전함 300척을 만들라는 요청을 받았다.

충렬왕 (1236 ~ 1308)

원종(元宗)의 맏아들로 1271년 6월 원나라에 가서 세조의 딸 제국대장공주(齊國大長公主)와 결혼해 사위가 되었고 고려는 부마국이 되었다. 1274년 원종이 죽은 뒤 고려에 돌아와 그 해 8월 왕위에 올랐다.

그해 10월 원나라 세조의 강요로 일본 정벌을 위한 연합군을 만들어 전쟁을 시작했으나 태풍으로 큰 피해를 입고 패했고 다시 1281년에도 김방경 등이 원나라 병사와 더불어 제2차 일본 정벌에 나섰으나 역시 패했다. 충렬왕은 그 후 음주 가무와 사냥으로 소일, 정사를 돌보지 않다가 1308년 7월, 재위 34년 만에 죽었다. 원나라의 문물제도를 받아들여 원나라의 간섭 때문에 자주성을 잃었다는 평가를 받기도 했다.

정화궁주 (?~1319))

고려 26대 충렬왕의 비(妃). 충렬왕이 태자였을 때 비가 되었고 원종 15년(1274) 충렬왕이 즉위하면서 정화궁주로 책봉되었다. 하지만 왕이 원나라로부터 새로 제국대장공주를 왕비로 맞아들이자 항상 별궁에 거처하며 별거했다.

충렬왕 8년(1282) 승려 인기(印奇)에게 부탁 송나라에서 대장경을 인출하여 강화 진종사(眞宗寺)에 보존하도록 하고 옥등(玉燈)을 시주했다. 이로써 절 이름을 전등사(傳燈寺)로 고쳐 불렀다.

최향 (?~1230)

최충헌의 막내 아들로 무신정권을 이끈 최 씨의 제2대 집권자 최우의 친동생이었다. 1219년 아버지 최충헌이 죽자 대장군 최준문, 상장군 지윤심 등의 힘을 빌어 권력을 잡으려다가 유배되었고 후일 옥사했다.

임연 (?~1270)

대장군 송언상의 부하로 있다가 향리에 돌아가 향인들과 몽골군을 격퇴했다. 그 공로로 대정(隊正)이 되었고 1258년(고종 45) 유경 김준 등과 권신 최의를 죽였고 1268년(원종 9) 환관 최은 김경 등과 함께 지도자 김준을 제거했다. 그러나 원종을 폐하고 안경공 창을 즉위시켰다가 몽골의 위협에 안경공을 폐위시키고 원종을 복위시켰다. 병사했다.

항몽전쟁과 관련한 강화 역사의 또 다른 현장

이 정보는 강화 군청이 제공한 것으로 문화재팀 선생님께 감사의 인사를 드립니다.

국가 지정 문화재

강화 선원사지

선원사는 고려시대에 몽골의 침략을 받아 강화도로 도읍을 옮긴 후 고종 32년(1245)당시 최고 권력자였던 최우가 세운 절이라고 알려져 있다. 당시 송광사와 함께 고려의 2대 사찰로 유명했으며 금 불상만 500개가 있던 큰 절이었다고 전해진다. 무신정권은 이곳에 대장도감을 설치하여 팔만대장경을 조각했다고 한다.

이 팔만대장경은 조선 태조 7년에(1398) 서울로 옮겼다가 세조2년(1456)에 현재에 위치한 합천 해인사로 옮겨진 것으로 알려져 있다.

다음은 선원사지에 대한 강화군청의 설명이다.

"선원사터는 강화 외성지가 있는 도감산의 산줄기가 동서로 달리고, 다시 산 능성에서 남으로 오목하게 뻗어 내려간 그 사이에 자리 잡고 있다. 후면과 양 측면이 능선으로 이루어져 있어 탁 트인 남쪽을 제외하면 사면이 절을 아늑하게 감싸고 있다 할 것이다. 남쪽의 전면은 현재 논으로 경작되고 있으나 과거 바닷물이 치받아 흘렀었다는 것 등을 감안할 때, 중요 건물지가 들어서기에 매우 적합한 곳으로 보인다. 사적으로 지정된 지형은 사지의 일부로 발굴 현황과 주변 지세를 감안할 때 그 일부에 불과하다. 부분적으로나마 지정된 사적지 외측의 북단과 서단에 동시대의 건물지가 존재했었음이 확인되었다. 현재 사적지내는 중앙부를 경계로 동쪽으로는 한단 낮아 물길이 잡혀져 있다. 서쪽은 높으며 이곳은 다시 동서중심부를 경계로 하여 남북단으로 두개의 층단을 이루고 있다.

선원사의 위치에 관한 기록을 살펴보면, 매우 단편적인데 15세기 말에 편찬된 〈동국여지승람〉에는 선원사의 옛터가 강화도호부의 남쪽 8리에 있고, 당시 장원서의 과수원으로 되어 있다고 하였다. 이 외의 몇몇 관련 기록에도 〈동국여지승람〉을 답습하고 있을 뿐, 선원사

의 정확한 위치가 명기되어 있지 못하다. 그러나 1976년 조사시 현재의 터에 대형의 주춧돌과 석축 · 범자문과 연화문류를 중심으로 하는 각종 막새 · 화려한 보상화문전 등이 수습되었다.

또 마을 주민들의 증언과 해안가에 인접했던 지리적 특성 등이 감안되어 선원사지로 비정되었다. 또한 인근 마을 이름이 고려시대의 대장도감과 조선시대의 군사도감이 있었던 연유에서인가 도감마을이라고 불리우기도 하며 대체로 이 지역 전체가 절터였던 것으로 추정되었다.

그러나 당시 사적지로 지정된 곳은 일부분이며, 산록에 3단의 축대가 구성되어 있는 곳이 절의 중심지로 추정되었다.

사적지로 지정되기 전에는 10여 채 가량의 민가가 들어서 있었고 상당 부분이 인삼밭 등의 경작지로 이용되고 있었다. 현재 선원사지가 사적지로서 지정되어 있지만 그 위치 비정에는 이견도 있다. 곧 1931년 편찬된 《속수증보 강도지》에는 이전 몇몇 기록과는 달리 구체적으로 선원면 선행리 충렬사 앞 인근 일대를 선원사의 유지(遺址)라고 하고 있기 때문이다. 이를 근거로 강화지역의 향토사가들은 현재의 선원사지를 가궐터라 하고, 충렬사 전면 터가 선원사지라고 주장하고 있다."

〈정보〉

소재지　　　　(417-821) 인천 강화군 선원면 지산리 산113

개방시간　　　09:00~18:00

관람소요시간　30분

휴관일　　　　없음

주차정보　　　대형 10대

연락처　　　　032)934-8484

흥릉

이곳은 고려 제23대 고종의 릉이다. 고종은 강종의 아들이며 어머니는 원덕태후유 씨이고 비는 제21대 희종의 딸인 안혜태후이다. 왕이 즉위할 당시에는 최충헌이 세력을 잡고 있었으나 고종 6년(1219)에 그가 죽자 그의 아들 우가 뒤를 이어 정권을 잡아 왕은 제 구실을 못하다가 고종 45년(1258)유경, 김준 등이 우의 손자를 죽이자 비로서 왕에게 대권이 돌아갔다. 고종 재임시 몽골군이 침입하여 어려움이 컸으며 고종 3년(1216) 에 거란족이 쳐들어와 김취려, 조충등이 이를 격파하였으며 고종 18년(1231) 몽골군이 쳐들어와 다음해 강화도로 천도하여 몽골군과 대항하였다. 몽골군의 침입으로 대구 부인사에 있던 초조대장경이 불타 버리자 고종 23년(1236)부터 고종 38년 (1251)까지 16년간에 걸쳐 강화도에서 팔만대장경을 판각하였다. 고종은 몽골군의 계속된 침입을 막아 내면서 고종 46년(1259)태자 전을 몽골에 보낸 후 그해에 승하하여 개경으로 옮기지 못하고 이곳에 안장하게 되었다.

〈정보〉

소재지 　　　 (417-804) 인천 강화군 강화읍 국화리 산 180번지

지정번호 　　 224

지정년월일 　 1971.12.28

관리자 　　　 강화군청 문화재팀

소유자 　　　 국가

규모 　　　　 1기

관람소요시간 50분

주차정보 　　 국화리 청소년야영장 내

찾아오시는길

강화대교 → 48국도 계속타고 강화읍 서문 → 서문삼거리에서 강화고등학교 쪽으로 좌회전 → 국화저수지 → 국화리청소년야영장 통과 도보 15분 → 홍릉

강화 고려 궁지

이곳은 고려가 몽골의 침략에 줄기차게 항전하던 39년간의 궁궐 터이다. 1232년 6월 고려 고종(재위: 1213 ~ 1259)은 자주적 정신으로 항몽의 기치를 높이든 고려 무인들의 주장에 따라 지세가 험한 강화도로 천도하여 1234년에 궁궐과 관아 건물을 완성하였다. 1270년 몽골과의 강화가 성립되어 개성으로 환도한 뒤 궁궐과 성은 무너졌다.

1637년 병자호란시 강화성이 청군에게 함락된 사실이 있으며, 그 후 고려 궁터에는 조선 궁전건물(장령전, 행궁, 만령전, 봉선전, 외규장각, 척천정, 세심재 등) 및 유수부 건물들이 있었으나 1866년 병인양요시 프랑스군에 의해 건물 등은 소실되고 지금은 유수부의 동헌과 이방청 건물만이 남아있다. 이곳은 1977년 보수 정화되어 우리 민족의 자주정신과 국난극복의 역사적 교훈을 안겨주는 국민교육의 장으로 활용되고 있다 이곳 고려궁지는 지금으로부터 760여년전 몽골의 침입을 방어하기 위해 고려 왕조가 강화도로 피난했을 당시 임금님이 거처하시던 궁궐로 이곳에서 약 39년간(1232~1270) 몽골에 항쟁하였다.

강화로 천도해온 고종은 약 2년에 걸쳐 연경궁을 본궁으로 궁궐과 관아를 지어 건물의 명칭을 전부 개성의 궁궐과 똑같이 하고 궁궐뒷산도 송악산이라 불렀다고 한다. 궁궐은 몽골과의 화친에 따라 허물었으며 현재 궁지 내에는 강화지역을 다스렸던 유수부가 있다. 또한 고려궁지 내에는 외규장각이 있었으며 병인양요때 프랑스군들이 이곳에 있던 많은 서적들과 은궤, 지도 등을 약탈해 갔다. 현재 프랑스 국립도서관에 있는 고서들도 이곳에서 약탈해간 것이다. 고려궁지에는 오래된 역사와 함께 그 자리를 지켜온 고목들이 많으며 아름다운 꽃나무들로 봄이면 더욱 아름다운 정원이 된다.

〈정보〉

소재지	(417-802) 인천 강화군 강화읍 북문길 42
지정번호	133
지정년월일	1964.06.10

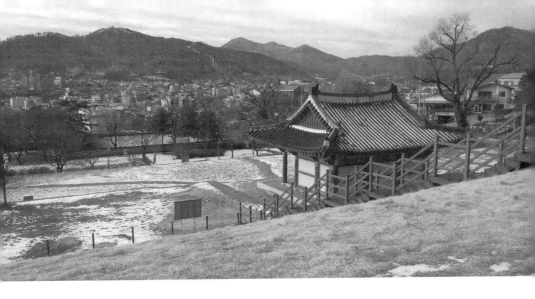

관리자	강화군 고려궁지 관리
소유자	국가
입장료/요금	청소년, 군인 : 개인 – 600 단체 – 500
	어 른 : 개인 – 900 단체 – 700
개방시간	하절기(09:00~18:00), 동절기(09:00~17:00)
관람소요시간	20분
휴관일	연중무휴
주요시설	명위헌, 이방청, 종각
편의시설	화장실

찾아오시는 길

강화대교→강화읍 고려당 삼거리에서 우회전하여 200m→고려궁지

석릉

이 릉은 고려 제21대 희종(1169~1237)의 릉이다. 희종은 신종의 장남으로 이름은 영, 자는 불피(不陂), 시호는 성효이다. 어머니는 정선태후 김씨이며, 비(妃)는 성평왕후 왕씨이다. 희종은 1204년 최충헌에 의해 왕으로 추대되어 즉위하였으며, 즉위의 공으로 최충헌을 진강군개국후에 봉하였는데 횡포가 심하자 왕은 내시 왕준명 등과 모의하여 이를 제거하려 하였으나 실패하여 희종 7년(1211)에 폐위되어 강화교동으로 유배되었다가 고종24년 (1237) 8월에 승하하여 이곳에 안장되었다.이릉의 봉분은 붕괴되고 석조물은 파괴되어 없어진 채 폐허가되었던 것을 1974년 강화군에서 보수.정화 하여 오늘에 이르고 있다

묘역은 마을에서 약 2km 정도 떨어져 있다. 현재 묘역은 발굴조사작업 중이다. 당초의 묘역은 고려후기의 왕실묘제에 따른 문·무인석과 각종 석조물이 있었다고 전해지나 오랜 세월이 흐르는 동안 폐허가 된 것으로 보인다. 현종 때 강화유수 조복양이 찾아내어 다시 봉분하였다고 한다. 이 능의 봉분은 붕괴되고 석조물은 파괴되어 없어진 채 폐허가 되었던 것을 1974년 강화군에서 보수, 정화하였다고 하며 2001년 다시 재정비 발굴 중이다. 곡장은 1974년 새로 만든 것으로 보이며, 주위에 있는 자연석을 그대로 쌓은 것으로 보인다. 전체는 3단으로 되어 있다. 중계부분에 묘표가 있다. 묘표는 월두형으로 대석

은 표식만 보인다. 묘표에는 '고려희종석릉(高麗熙宗碩陵)'이라 새겨져 있다. 묘표 좌측에 고려후기에서 조선전기로 보이는 문인석이 있다.

우측 문인석은 우측 곡장 앞부분에 계체석을 세워 임시로 머리부분만 세워놓았다. 주위에는 난간석과 계체석 등이 흩어져 있다. 묘표 앞부분에 계체석을 놓고, 그 앞에 정자각이 있었던 흔적이 보인다.

자료 : ≪고려사≫, ≪고려사절요≫ ; 한국정신문화연구원, ≪한국민족문화대백과사전≫, 웅진출판, 1997에서 옮김.

〈정보〉

소재지	(417-852) 인천 강화군 양도면 길정리 산 182번지
지정번호	369
지정년월일	1992.03.10
관리자	강화군
소유자	국가
규모	1기

찾아오시는 길

강화대교 → 알미골삼거리에서 우회전 84지방도 → 호국교육원 및 가톨릭대학교 방면 → 석능

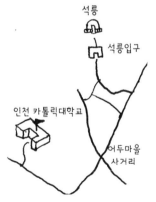

가릉

이 릉은 고려 제24대 원종(재위:1259~1274)왕비 순경태후의 릉이다. 순경태후는 장익공 김약선의 딸로서 고종 22년(1235) 원종이 태자로 책봉되자 태자비(妃)가 되었으며 그 다음해에 충렬왕을 낳았다.

고종 31년(1244)경에 사망하여 이곳에 안장되었을 것으로 추정된다. 그후 원종 3년(1262)에 정순왕후에 추봉되고 1274년 충렬왕이 즉위하자 순경태후로 추존되었다. 이 릉의 봉분은 붕괴되고 석조물은 파괴되어 없어진 채 폐허가 되었던 것을 1974년 강화군에서 보수.정화 하여 오늘에 이르고 있다.

능은 능내리 마을을 지나 약 500m 정도 산길로 가면 있다. 능은 전체 3단으로 되어 있다. 1974년 보수, 정비공사 당시 봉분이 붕괴되고 석조물은 파괴된 채 폐허가 되었던 것을 강화군에서 보수 · 정화하였다고 한다. 상계부분의 봉분은 활개없이 원형봉분만 있는 상태이며, 곡장 대신에 봉분 주위에 계체석으로 능역을 표시만 해 놓았다. 원래 봉분에 복토 작업을 한 관계로 석수가 봉분 뒷편에 머리모양만 보인다.

중계에는 묘표와 좌우에 각각 문인석이 있다. 묘표는 중앙에 있으며 원두형이다. 묘표에는 '고려왕가릉(高麗王嘉陵)'이라 새겨져 있다. 기존 조사에서 문인석은 좌우에 각각 2쌍씩 있다고 하였는데 지금은 1쌍씩만이 있다. 문인석은 홀대를 약간 좌측으로 비켜 잡고 있으며, 고

려후기 조선전기 양식이다. 하계에는 자연석으로 신도(神道) 형태만
을 만들어 놓았다.

〈정보〉

소재지　　　　(417-853) 인천 강화군 양도면 능내리 산 16-2

지정번호　　　370

지정년월일　　1992.03.10

관리자　　　　강화군

소유자　　　　국가

규모　　　　　1기

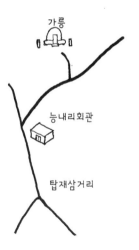

찾아오시는 길

강화대교 → 알미골삼거리에서
우회전 84지방도 → 찬우물삼거리
에서 우회전 → 인산삼거리에서 좌
회전 → 양도면사무소 → 가능

곤릉

이 능은 고려 강종의 비 원덕태후 윤씨의 비입니다. 가릉, 홍릉, 석릉과 더불어 강화의 4대 고려왕릉입니다. 이 릉은 고려 제22대 강종(재위:1211~1213)의 비(妃) 원덕태후 유씨의 릉이다. 원덕태후는 언제 사망하였는지 알려지지 않고 있다. 이 릉의 봉분과 석축 그리고 곡장(曲墻)은 붕괴되고 석조물은 없어진채 폐허이던 것을 1974년 강화군에서 보수. 정화하여 오늘에 이르고 있다.

능은 전체적으로 3단으로 되어 있다. 봉분과 석축, 곡장(曲墻)은 붕괴되고 석조물은 없어진 채 폐허가 된 것을 1974년 보수, 정화하였다고 한다. 본래 묘역은 고려후기의 왕실 묘제를 따라 문·무인석의 석조물이 있었다고 전해지지만 현재는 묘표만 남아 있다.

상단에는 곡장을 자연석으로 둘렀다. 그 안에 원형 봉분이 있다. 봉분 앞에는 계체석이 있다. 중계에 중앙에는 작은 월두형 묘표가 있는데, 묘표에는 '고려원덕태후곤릉(高麗元德太后坤陵)'이라 새겨져 있다. 하계에 있는 망주석이 특이한데 본래 하계 좌측 숲에 흩어져 있는 난간석의 일종으로 보이는 것을 보수공사 과정에서 망주석으로 사용한 것으로 여겨진다.

〈정보〉

소재지	(417-852) 인천 강화군 양도면 길정리 산 75
지정번호	371
지정년월일	1992.03.10
관리자	강화군청 문화재팀
소유자	국가
규모	1기

찾아오시는길

강화대교 → 알미골삼거리에서 우회전 84지방도 → 호국교육원 및 가톨릭대학교 방면 → 곤능

이규보의 묘

이 묘는 고려시대의 문장가이며 시인 이었던 이규보(1168~1241)선생의 묘소이다. 선생은 고려 명종 19년(1191)진사시에 합격한 뒤 당시 최고 집권자인 최충헌에게 기용된 문인의 한 사람으로 뒤에 관직이 문하시랑평장사에 이르렀다. 이규보는 시문에 능하였으며, 특히 민족

의 영웅시인 동명왕편을 지어 고구려인의 큰 포부와 활동을 읊어 민족의식을 선양하였다. 몽골군의 침입으로 인한 국난극복을 위한 민족의 노력으로 8만대장경 조판의 국가적 사업이 시작될 때에 불교 호국의 신앙과 민족 수호의 충정이 담긴 대장경각판군신기고문을 지었다.

묘역은 사당인 백운정사 바로 좌측에 정비되어 있는데, 이중 활개에 용미를 길게 갖고 있는 원형 봉분으로 되어 있다. 봉분은 호석을 두르고 있으며, 봉분 앞에는 혼유석과 계체석을 놓았다. 계체석을 받침대로 앞에는 고석을 받쳐 놓은 상석이 있다. 상석 앞에는 새로 만든 향로석이 2개 있다. 향로석 좌우에는 형태만 남아 있는 문인석이 있고, 약간 앞 좌우에는 양석이 있다. 향로석 정면에는 장명등이, 장명등 좌우에는 민무늬의 8각 기둥형태의 망주석이 있다. 봉분 좌우와 중계 좌우에는 동자주가 각각 1개씩 있다. 상계 봉분 좌측에는 조선후기에 세운 것으로 보이는 묘갈이 있다.

중계 상석 좌측에 옛날 것으로 보이는 묘표가 있는데 민무늬 대석에 월두형 비신으로 되어 있다. 비의 전면에는 "고려이상국문순공하음백규보지묘(高麗李相國文順公河陰伯奎報之墓)"라 새겨져 있다. 이것은 개국 527년 무오 4월에 세워진 것이다.

묘역 입구에는 1983년 1월 15일에 세운 "백운이규보선생문학비(白雲李奎報先生文學碑)"가 있다. 이 비는 김동욱(金東旭)이 찬하고, 이

필용(李弼龍)이 썼다.

문학비 좌측에는 여주이씨대종회에서 1991년 5월에 세운 묘역정비
기념비가 있다. 신도비는 묘역정비기념비 왼쪽에 있는데, 이규보가
죽은 지 699년 후인 1939년 기묘년 3월에 세워진 것이다. 비문은 이
범세(李範世)가 찬하고 김교덕(金敎悳)이 서하고, 후손 이병하(李秉
夏)가 전서한 것이다. 전후면에 전서로 "고려이평장사백운이선생시문
순공신도비명(高麗李平章事白雲李先生諡文順公神道碑銘)"이라 하였
다. 비제는 "고려금자광록대부수태보문하시랑평장사하음백이공신도
비명병서(高麗金紫光祿大夫守太保門下侍郞平章事河陰伯李公神道碑
銘幷序)"라 하였다.

이 묘소는 1967년 국가의 지원을 받아 후손들이 묘역을 정화하고
제실을 복원하였으며, 문집으로는 『동국이상국집』이 전한다.

〈정보〉

소재지	(417-841) 인천광역시 강화군 길상면 까치골길 72-17
지정번호	기념물15호
지정년월일	1995.11.14
관리자	종중
소유자	여주 이씨 종중

강화 외성

강화 외성은 고려 제23대 고종이 1232년 몽골의 침입으로 강화도로 천도한 후 고종 20년(1233년)에 외적의 침입에 대비하여 해안 방어를 목적으로 적북돈대로부터 초지진까지 23㎞에 걸쳐 축조된 성으로서 조선조에 들어와서도 비상시에 국왕의 피난처인 도성의 외성으로 수축하고 있어 당시 도성의 구조 및 축성사 연구는 물론 고려후기~17세기 후반까지의 축성기법의 변화상 연구에 있어 학술적으로 매우 중요한 유적이다.

북쪽으로는 적북돈(대산리 산1번지)에서부터 염하 해안가를 따라 휴암돈 · 월곶돈 · 제승돈 · 염주돈 · 갑곶돈 · 가리산돈 · 좌강돈 · 용당돈 · 화도돈 · 오두돈 · 광성돈 · 용두돈 · 손돌목돈 · 덕진돈을 경유하여 초지돈(길상면 초지리 624번지)까지4) 축조된 성으로서 둘레는 23만 225m이며, 수문은 21개이다 특히 영조18년(1722년)~영조20년(1744)간 유수 김시혁이 벽돌로 개축한 전축성이 오두돈 주변(남측)에 잔존하고 있어 수원 화성과 더불어 전축성 연구에 있어서도 귀중한 자료를 제공해 주고 있다.

강화는 집권자들에 의해서 유사시 천도를 가상한 보장처로서 인식되고 있었기 때문에 내륙으로부터 강화를 침략하는 외적의 방어를 위한 관방시설이 필요하였다. 1차 관방시설이 김포의 문수산성이었으며,6) 2차 관방시설이 바로 염하를 사이에 두고 있는 강화외성이었다.

　1691년(숙종 17)에는 외성 축조가 시작되었는데,7) 옥포에서부터 초지에 이르렀던 당시 외성의 길이는 43리 200보였다.8) 그후 외성은 1718년(숙종 44)에 월곶돈에서부터 휴암돈까지 연장·증축되었다.9) 1742년(영조 18)에 시작해서 2년 동안에는 강화유수 김시혁(金始㷜)의 건의에 의해 전성(?城)으로 개축되었다.10) 1753년에는 무너진 전성을 석성으로 개축하고 있다.11) 가장 마지막에 남아 있었던 강화외성은 북으로 적북돈에서부터 남으로 초지진에 이르기까지 염하해안선을 따라 축조된 성곽으로서 그 길이가 약 24km에 달한다.

현재는 석축이 대부분 붕괴되어 토성으로 남아 있으면서 석열이 드문드문 보일 뿐이다. 그러나 외성의 석축이 가장 잘 남아 있는 곳은 좌강돈대에서 가리산돈대 해안가 도로 방면이며 오두돈대 남쪽에 전성이 현존하고 있어 외성의 당시 규모를 추정할 수 있다.

〈특기사항〉

1998. 3. 18   향토유적 제4호 강화외성 보호구역 고시
1999. 3. 29   인천시 지방유형문화재 제37호
2003. 1. 25. 국가지정 사적 제452호 지정

〈정보〉

소재지	(417-800) 인천 강화군 강화읍, 선원면, 불은면, 길상면(강화도 동해안 일대)
지정번호	452
지정년월일	2003.10.25
관리자	강화군
규모	265,216㎡

강화 향교

이 향교는 고려 인종 5년(1127)에 내가면 고천리(고읍)에 건립되었다 한다. 고려 고종 19년(1232)내가면 고천리에 있던 것을 강화읍 갑곶 리(먹절)로 이전하였다가 고종 46년(1259)서도면 볼음도리로 재이전, 조선 인조 2년(1624)에는 유수 심 열이 송악산 기슭으로 옮겨 졌으며 인조 7년(1629)에 유수 이안 눌이 위패를 모시고 명륜당을 세우는 등 비로서 향교의 완전한 체제를 갖추어 학궁이라 하였다 한다. 현종 14년(1673) 유수 민시중이 남산골로 이전하였으나 영조 7년 (1731)에 또다시 유수 유척기가 지금의 위치로 이전 복원 하였다. 경내에는 중국의 오성과 우리 나라 18유현의 위패를 모신 대성전과 강학하던 명륜당, 내.외삼문, '98년에 복원한 동.서무 등이 있다.' – 대성전 1동, 명륜당 1동, 동무 1동, 서무 1동, 관리사 1동.

또 향교의 건물은 대성전 · 명륜당 · 안연재(安燕齋) · 제기고 등이 있으며, 1998년에는 동무와 서무, 내삼문과 외삼문을 복원하였다.

대성전은 정면 5칸, 측면 3칸으로 2익공의 공포와 홑처마의 맞배지붕을 하고 있다. 전면 6개의 기중 중 중앙 4개는 원형 장초석 위에 민흘림 원주를 세웠으며, 이익공으로 결구한 1고주의 5량 집이다. 내부에는 공자 · 맹자 · 증자 · 자사 · 안자의 5성 위패를 봉안하고 동서로 모셨다. 처음에는 중국의 16현을 배향했지만, 1948년 전국유림대

표회의에서 모화사상의 지양이 제기되어 5성과 우리나라 18유현으로
배향하게 되었다. 18유현은 동쪽에 설총 · 안유 · 김굉필 · 조광조 · 이
황 · 이이 · 김집 · 김장생 · 송준길이 배향되었고, 서쪽에는 성혼 · 송
시열 · 박세채 · 조헌 · 최치원 · 정몽주 · 정여창 · 이언적 · 김인후 등
이 배향되었다.

대성전은 1960년에는 윤태선 전교가 대성전 지주(支柱)일부를 석주
로 수리하였고, 1976년에는 윤기영 강화군수가 주위 담장과 내삼문을
중수하고 단청하였으며, 윤철상 전교가 주변 축대를 개축하고, 교직
사(校直舍) 10칸을 신축하면서 화장실과 본전 기와를 수리 하여 그 면

모를 새롭게 하였다.

　명륜당은 정면 4칸, 측면 3칸으로 팔작지붕을 하고 있으며, 전면부에는 반칸의 툇칸을 두고 중앙 2칸에는 당을 만들었으며 좌우에는 동·서실을 설치하였다. 내부에는 각 예방(禮房)·전사청(典祀廳)·공수소(供需所)로 나누어져 있다. 본래 유수 이안눌이 세웠다고 전한다.

　안연재는 강당으로 옛 분교관이 거처하던 곳이다. 1893년(고종 30) 유수였던 민응식이 중수하고 현판을 걸었으며, 1869년에는 유수 이용희가 현판하였다고 한다. 한편 강화향교 앞에는 4기의 비가 있는데, 〈유수이공안눌창건명륜당비(留守李公安訥創建明倫堂碑)〉는 규모가 높이가 197cm, 폭이 87cm, 두께 22cm로 1635년(인조 12)에 건립되었다.

　〈유수이공용희중수문묘기적비(留守李公用熙重修文廟紀蹟碑)〉는 높이 116cm, 폭이 45cm, 두께 22cm로 조성되었다. 다른 2기는 하마비로 모두 반토막 난 상태이다. 그중 하나에는 전면에 "하마비"와 후면에 "공기이오삼칠병인팔월건립(孔紀二五三七丙寅八月建立)"이라고 쓰여있다.

〈정보〉

소재지	(417-802) 인천 강화군 강화읍 향교길 58
지정번호	유형문화재34호
지정년월일	1995.03.01
관리자	향교재단
소유자	향교재단
규모	4동

강화 능내리 석실분

이 석실은 고려시대의 석실로 추정되며 석실 내부는 화강암으로 잘 다듬어진 돌을 이용 축조하였다. 석실의 크기는 남북 방향으로 270cm, 폭 195cm의 장방향으로 축조되어 있다. 고분 앞 양편에는 망주석으로 추정되는 사각 석주가 남아 있으며 사각 석주의 3면에는 내용을 알 수 없는 문양이 양각되어 있으며 석실 앞 약 70m 인근에는 사적 제370호 가릉이 자리잡고 있다.

〈정보〉

소재지	(417-853) 인천 강화군 양도면 능내리 산16-1번지
지정번호	기념물28호

지정년월일	1995.03.01
관리자	강화군
소유자	강화군
규모	1기

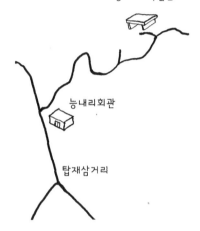

능내리 석실분

능내리회관

탑재삼거리

강화 항쟁 연표

1231년 고종 18년, 몽골군 1차 침입하다.

강동성에서 고려와 몽골이 거란족을 공동으로 물리친 후 1225년 고려에 공물을 징수하러 왔던 몽골 사신 저고여가 본국으로 돌아가다가 압록강가에서 살해되는 사건이 일어났다. 고려에서는 아는 바 없다고 버텼으나, 몽골은 고려의 소행으로 단정하여 1231년(고종 18년) 1차 침입 때는 고려와 화의를 맺고 다루치기를 두고 철수했다.

1232 최우의 무신정권, 강화도로 천도하다(몽골군 2차 침입)

몽골이 1차 침입 후 철수하자 최우 무신정권은 1232년 도읍을 강화도로 옮기고 항구적인 저항태세를 갖추었다. 이에 몽골은 강화도 천도를 구실삼아 2차 침입을 단행했다. 그러나 강화로 옮겨간 무신 집권자들은 강화도의 안전만 믿고 육지의 백성들이 약탈과 살육을 당하는 것도 아랑곳없이 사치스런 생활을 버리지 않았다. 군사력은 강화도 수비에만 동원되고 육지는 거의 무방비 상태였기에 몽골은 경상도까지 내려가 약탈을 자행했다. 그러나 지금의 용인인 치안성에서 승장인 김윤후에게 몽골 장군 실리타이가 살해되자 철수했다.

1234년 금속활자로 [상정고금예문]을 간행하다.

1236년 강화에서 [고려대장경] 판각을 시작하다.

[초조대장경]은 몽골군의 침략으로 불타고 다시 대장경 조판에 착수했다. 몽골침략에 대비하여 불력으로 몽골을 격퇴하고자 [8만대장경]을 간행하여 1251년에 완성했다.

1249년 최우가 죽고 최항이 집권하다.

1257년 최항이 죽고 최의가 집권하다.

1258년 유경과 김준이 최의를 죽이고 최씨 무신집권이 끝나다.

몽골이 고려의 화주(영흥) 이북을 직접 통치코자 쌍성총관부 설치

1270년 무신정권 무너지고 개경으로 환도하다.

현재 강화읍에는 북산(송악산), 견자산, 남산 등을 이은 조선시대의 이른바 '강화산성'이 중심 성곽으로 남겨져 있다. 이 산성은 대부분 석축으로 되어 있고 양란 이후인 조선 숙종조에 강화도호부의 '부성'으로서 대대적으로 개축되었는데, 1985년도 이 강화산성에 대한 실측조사 결과에 의하면 이 성은 7.122m의 길이로 계측 되었다. 강화산성은 조선시대 석축에 의한 대대적 개축이 있었지만 이것은 고려시대의 강도 성곽시설을 개축한 것으로 여겨지고 있다. 한편 토축으로 쌓은 성곽의 현저한 잔적이 강화읍에서 약 5km 남쪽 선원면의 선행리, 창리, 신정리 일대에 남아 있으며 정남 포괄하는 둘레 7.1km의 범위인데, 고려의 내성의 둘레 2km 정도의 소규모의 궁성적 성격을 갖는 것이라 정리한 것이다.

참고자료

몽골에 대한 모든 것

교통

몽골 내의 교통 수단은 주로 비행기나 기차이다. 몽골 국적 항공사인 MIAT 몽골 항공에서는 도쿄, 오사카, 서울, 베이징, 후어하오터 (Huhhot), 베를린, 모스크바, 이르쿠스크로 운행하고 있다. 여름철에는 운행표에 따라 홍콩과 싱가폴을 운행한다. 모스크바와 베이징 사이를 오가는 몽골 열차는 울란바타르를 통과한다. 러시아 열차나 중국 열차를 이용하면 약 6일간 몽골 전지역 여행을 즐길 수 있다. 몽골 수도 내의 교통은 버스, 무궤도전차, 택시나 자가용을 이용할 수 있다. 광대한 몽골 초원 지역을 여행할 때는 버스나 기차편을 이용할 수 있으나 제한적으로 운행되고 있어 대부분 대중교통보다는 자가용을 이용하거나 개인적으로 렌트카를 이용하는 편이다.

여행시기

몽골에서 여행하기에는 5월에서 10월 사이가 좋고 다른 시기에는 기후가 좋지 않은 편이다. 차가운 날씨를 선호하거나 모래폭풍, 기타 여행 중에 발생할 여러 가지 문제에 크게 개의치 않는 사람이라면 비수기 여행도 좋다. 특히 몽골의 유명한 나담축제를 즐기고 싶다면 7월 중에 방문하는 것이 좋다. 단 몽골의 7월, 8월은 연중 가장 습도가 높은 때이다. 따라서 고비 사막을 여행하고 싶다면 기온이 그리 높지 않은 6월이나 9월에 찾는 것이 좋다.

숙박

숙박료는 수도 울란바타르와 시골지방 간에 큰 차이가 있다. 호텔, 게스트 하우스, 기숙사 등이 수도인 울란바타르에 많이 있으며 가격은 미화 5달러에서 120달러 사이이다. 시설 설비, 서비스, 음식의 품질은 가격이 높을수록 좋은 편이다. 시골지역에는 호텔이 많지 않으며 특히 아이막 지방의 경우 형편이 그다지 좋지 못하다. 대부분의 관광객은 따로 만든 특별 캠프를 이용한다. 이 캠프에서는 유목민들이 사용한 원형의 펠트천으로 만든 숙박 시설을 제공한다. 보통 화장실, 세면실, 식당이 따로 구비되어 있다. 요금은 1박에 미화 30-40 달러 사이이다. 원할 경우 캠핑을 할 수도 있으나 보통은 주거지에서 멀리 떨어진 곳에서 가능하다. 일부 보호구역에서는 캠핑이 법적으로 금지되어 있다.

전화

몽골의 전화 시스템은 현재 현대화 되는 과정 중에 있으나 서비스 면에서 상당수가 부족한 편이다. 몇 단계를 거치면 비교적 간단히 외국에서 몽골로 전화할 수 있으며 몽골의 국가 번호는 976이다. 울란바타르에서 국제 전화를 거는 일도 비교적 간단하다. 대부분의 호텔에는 국제 직통 전화 설비가 갖춰져 있으며 그 외에도 울란바타르 시내에서는 다양한 전화 교환대를 통해 국제 전화를 걸 수 있다. '중앙 우체국(Central Post)' 건물은 수흐바타르 광장 남서쪽에 위치해 있는데 몽골에서 가장 큰 전화 교환국이다. 특히 주중에 밤 10시부터 아침 7시, 토요일 오후 5시부터 오전 7시, 일요일은 하루종일 시내, 사무실, 호텔에서 전화를 이용하면 싼 가격에 전화를 걸 수 있다. 국내 전화 할인 요금도 동일하다. 울란바타르에서의 거리에 따라 전화 요금은 분당 MNT 174에서 MNT 261 사이이다. 시내 전화 요금은 분당 MNT 5 정도이다. 수흐바타르 광장에 있는 대형 전화 교환국에서는 팩스나 이메일을 보낼 수도 있다. 팩스 비용은 보내는 곳이 어디냐에 따라 달라지며, 영국으로 1분간 팩스를 보낼 경우 대략 MNT 3000정도 든다.

세관

모든 관광객은 반드시 세관신고서를 입국할 때 작성해야 하며 이 신고서는 출국할 때까지 보관해야 한다. 세관신고서에는 입국기간 동안 개인용도로 소지 가능한 수출입 자유 품목이 나와 있다. 총 미화 1000달러 이상의 물품을 소지하고 있다면 입국할 때 반드시 신고해야 한다. 또한 출국할 때에도 미화 500달러 이상의 물품을 소지하고 있다면 신고해야 한다. 다음은 면세품목이다: 사이다 1 리터, 와인 2 리터, 맥주 3리터, 담배 200개비, 잎담배 250그램이다. 세관신고서에 소지 중인 화폐 종류 및 금액을 적어야 한다. 만약 신고하지 않은 돈을 소지했다가 적발될 경우 세관에서 압수당한다. 골동품이나 화석을 몽골 밖으로 반출하려면 반드시 이를 입증하는 공식 서류를 소지하고 있어야 한다. 골동품이나 화석 구입시에 일부 상점에서 필요한 공식 서류를 제공하기도 한다. 혹은 울란바타르에 있는 개발성(Ministry of Enlightenment)에서 허가를 얻을 수 있다.

언어

몽골의 공식 언어는 몽골어이다. 그러나 수도 울란바타르에서는 영어도 널리 쓰이는 편이다. 몽골어는 몽골 국민 대부분이 사용하는 언어로서 내몽골지역 및 중국의 일부 소수민족 2부

혁명 이후 발전했으며 키릴문자가 1940년대 도입되어 현재 몽골어의 기본 문자로 사용되고 있다. 그러나 지난 10년 간의 민주통치 기간 동안 전통적인 문자 사용의 필요성이 여러 차례 요구된 바 있다. 몽골 키릴어 35개의 문자로 구성되어 있다. 시내에서 다양한 종류의 사전과 문장들이 예시된 책자를 구입할 수 있다.

1인당 국내총생산이 2,200달러(2010년 말 기준)이라니 우리나라의 10분의 1 수준이 좀 넘는 것 같다. 하지만 무섭게 발전하고 있다고 하니 곧 중진국으로 성장할 것이라는 생각이 든다.

고려사람들은
어떻게 싸웠을까?

초판1쇄 찍음 2013년 6월 1일
초판1쇄 펴냄 2013년 6월 7일

엮은이   강건우 · 강창우
펴낸이   곽선구
펴낸곳   늘푸른소나무

윤문 · 감수   박기현
일러스트   박채환

등록일자   1997년11월3일
등록번호   제307-2011-67
주소   서울시 연건동 44-10
전화   02)3143-6763
팩스   02)3143-6762
이메일   ksc6864@naver.com

ISBN 978-89-97558-13-1 43910

* 잘못된 책은 교환해 드립니다.
* 책값은 뒷표지에 있습니다.